GW00693413

Vital Spanish

Claire Meeson

For those essential everyday situations

FIRST EDITION

First published in 2005
by Luxan Publishers

Luxan Publishers
12 Naomi Close Eastbourne
East Sussex BN20 7UU
England

ISBN: 0-9546088-3-6

A catalogue record for this book is available from the British Library.

contents

preface

How well do you *really* communicate in those everyday situations? As well as you'd like? Can shopkeepers and receptionists understand you easily, or do you have to repeat yourself often and fish out the phrase book?

Expressing yourself in Spanish – in a way that sounds natural – is exactly what this book is all about. Each of the twenty-two chapters focuses on a typical everyday situation. A series of sentences and conversations appear firstly in English, and are then translated into Spanish. The conversations cover a wide range of situations and, most importantly of all, provide the reader with natural, colloquial translations. In other words, the Spanish language as spoken by the Spanish people.

Vital Spanish can serve as an excellent bench mark for you to test how well you express yourself in Spanish. Try translating the English sentences into Spanish, and then compare your answers with the translations in the Spanish section of each chapter.

Vital Spanish is perfect for anyone wanting to fine-tune their communication skills for everyday living in Spain.

shopping & purchasing

Simple phrase match

1. I'd like some more.
2. How much does it cost?
3. Nothing else, thank you.
4. Do you have six?
5. How many are there?
6. A little thicker.
7. A little less, please.
8. One and a half kilos.
9. Half of that piece, please.
10. No, that's all thank you.

a. Un poco menos, por favor.
b. ¿Cuánto cuesta?
c. No, eso es todo gracias.
d. Un poco más gordo.
e. Un kilo y medio.
f. ¿Cuántos hay?
g. ¿Tiene seis?
h. La mitad de ese trozo, por favor.
i. Nada más, gracias.
j. Quiero más.

Translate:-

general

1. Good morning / Good afternoon/evening / Hello / What can I do for you?
2. I want/would like / Do you have / something for / another one / any/some more / something similar / four the same / one in stock.
3. Can you deliver it?
4. Are there any delivery charges / postal charges / travelling expenses?
5. Is tax included?
6. What does it work out at per piece or item?
7. Can I pay by credit card? / Do you accept this card?
8. I am paying cash.
9. Shall I wrap it for you? No, that's OK.
10. What is it made of? / What are they made of?
11. What is the filling? / What is in it?
12. What size is it? / What size are they?
13. What are the measurements?
14. It measures four metres long by two and a half metres wide by one metre and three centimetres deep.
15. I'll take it / I'll take them.

clothing

1. I'm a size 44.
2. I'm a size 12 in England, what size is that in Spain?
3. I prefer short / long sleeves.
4. I like the white shirt but I prefer the blue one.
5. Can I try on this jacket?
6. How does it look? / How do they look? It's very flattering on you.
7. It looks fine/It suits me / They look fine/They suit me / It doesn't suit me / They don't suit me.

8. It is too big for me / They are too big for me.
9. I want a cardigan with a zip / buttons.
10. It's a bit tight for me / They are a bit loose/baggy for me.
11. I want some lace-up shoes / slip-on shoes / shoes with a buckle.
12. The jumper/sweater goes well with the trousers.
13. The quality is very good.
14. What material/fabric is it? / Is it 100% cotton? / wool?
15. Is it a mixture of synthetic fibres?

food/groceries

1. Is it fresh today? / Are they fresh today?
2. You can buy it prepacked.
3. You can buy it loose.
4. It has passed its sell-by-date.
5. Ten thick / thin slices of cooked ham.
6. Two sirloin steaks.
7. Would you mince one kilo of this veal for me?
8. Would you like it minced once or twice? Once is enough.
9. One and a half kilos of boneless pork for stewing.
10. I'm looking for a packet / tin / jar / bag / bottle / tub / carton (i.e. juice) / box/case of...
11. It is mild / hot/spicy / mature (i.e. cheese) / sweet / bitter.
12. I'd like some ripe bananas and some slightly under-ripe tomatoes.
13. Fresh fruit / tinned fruit / dried fruit / prunes with stones / pitted olives / shelled nuts / shelled prawns / seedless grapes.
14. Sliced ham and cheese / sliced bread / slices of fruit and vegetables / slices of meat / a slice/piece of cake or pie.
15. Are they sold by weight or per item?

at the garden centre

1. I need several things, a sack of fertilizer, some packets of seeds, two large earthenware pots and four small ones.
2. Which is the best season for sowing these?
3. How often does it need pruning / watering?
4. When does it flower/blossom?
5. Is it hardy / poisonous / perennial / deciduous?
6. Does it thrive in the hot sun?
7. Can you tell me why it has died / withered/shrivelled?
8. What colour is the flower?
9. I grow all my own vegetables.
10. Does it only grow in Spain / the Mediterranean?
11. This is the name of the plant in English; do you know the name in Spanish?
12. We need a rake, a spade, a trowel, some shears and two large plastic baskets.
13. The garden is full of weeds.
14. The plant is diseased.
15. Will you advise me on feeding these plants?

Conversation 1

Shop assistant: Good morning. Can I help you?

Customer: Good morning. I would like one of these please, and do you have another set like this?

Shop assistant: Yes, here you are, sir. Let's see, yes, I have one of these sets left.

Customer: That was lucky! That's all, thank you.

Shop assistant: That will be 33.67€.

Customer: Thank you. See you again.

Shop assistant: Thank you. Bye.

Conversation 2

Lady: Can I have three kilos of red potatoes and that small melon, please.

Stallholder: Anything else, madam?

Lady: Yes. I'd like just half of this watermelon; a whole one is too much for me. Can you cut it in half?

Stallholder: Yes, of course. No problem.

Lady: Thank you. See you next week.

Stallholder: Bye.

Conversation 3

Shop assistant: Good afternoon. Are you being served?

Customer: No. I'm looking for a gift for a friend. Something to match these trousers.

Shop assistant: Something like this, perhaps?

Customer: No, that's not really what I'm looking for. I would prefer something from the same range.

Shop assistant: Shall I show you their catalogue? If you place an order today, it will arrive for next Tuesday.

Customer: Yes, will you order this for me, please?

Shop assistant: Yes, certainly. Can you leave a small deposit?

Customer: 25%, 10€, is that OK?

Shop assistant: Yes, thank you. Here is your receipt for 10€.

Customer: Thanks very much.

Conversation 4

Customer: Hello. Do you have another one of these lighters?

Shop assistant: No, I'm sorry, they have to be ordered.

Customer: OK, not to worry about it.

Shop assistant: OK. Goodbye.

returning goods

1. May I change these shoes for some larger ones?
2. I'd like to obtain a refund from you for this.
3. Do you give a refund on sale items?
4. May we change this for a different model?
5. I'm sorry but I don't have the receipt.
6. I wasn't given a receipt.
7. I'm sorry but I cannot give you a refund, I can only give you a credit note.
8. This iron doesn't work, could you change it for me?
9. I think that these headphones are faulty.
10. This was given to me as a present/gift, please can you show me how it works?
11. It has never been used.
12. I'd like to change this please. It was an unwanted gift.
13. It has only been used / worn once.
14. It's temperamental / unreliable.
15. I'm willing to pay a little more for a better model.

Conversation 1

Customer: I bought this shirt two days ago and when I put it on yesterday I noticed that the seam had come unstitched and that it had frayed. I know that you don't have another one in my size, so will you give me a refund, please?

Shop assistant: Yes, of course. Although we do have these shirts in a different material – do you like these? We have them in your size.

Customer: No, I don't like them. I want a cotton shirt, it's cooler/nice and cool for the summer.

Shop assistant: Fine. In that case, if you have the receipt I will give you a refund.

Conversation 2

Lady: Can I change this coat for another one in a darker colour?

Shop assistant: I'm sorry, madam but we don't have any left, we're expecting more in two or three weeks. I can give you a credit note?

Lady: OK. Thank you, see you soon.

Quiz

1.
2.
3.
4.
5.
6.
7.
8.
9.
10.
11.
12.

1. Se paga en este punto.
2. Dentro de aquí se conserva el helado entre otra alimentación.
3. La alimentación está buena hasta esta fecha.
4. El punto en donde se sirve al cliente.
5. Esto puede ser de 100g, 200g, un kilo etc....
6. Pieza.
7. Un recipiente para el vino o el agua.
8. Un bote (de limonada, etc.....).
9. La tienda o la sección en donde se encuentra todo para hacer reformas en casa.
10. Un recipiente para la margarina o el helado.
11. El punto en donde se puede probar la ropa.
12. Cubrir con papel para regalo.

Un nombre colectivo para la comida.

de compras

general

1. Buenos días / Buenas tardes / Hola / Dígame.
2. Quiero/Quisiera / Tienen/Hay / algo para / otro(a) / más / algo parecido / cuatro iguales / uno(a) en existencias.
3. ¿Se puede entregar a casa?
4. ¿Hay gastos de entrega / envío / desplazamiento?
5. ¿Está incluido el IVA?
6. ¿A cuánto sale por pieza/unidad?
7. ¿Puedo/Se puede pagar con tarjeta? / ¿Se acepta esta tarjeta?
8. Pago en efectivo.
9. ¿Se lo/la envuelvo? No, no hace falta/No, está bien.
10. ¿De qué es? / ¿De qué son?
11. ¿Cuál es el relleno? / ¿Qué lleva?
12. ¿De qué tamaño es? / ¿De qué tamaño son?
13. ¿Cuáles son las medidas?
14. Mide cuatro metros de largo por dos metros y medio de ancho por un metro con tres centímetros de fondo.
15. Me lo/la llevo / Me los/las llevo.

la ropa

1. Uso/Tengo la talla 44.
2. Uso/Tengo la talla 12 en Inglaterra, ¿qué talla es en España?
3. Prefiero manga corta / larga.
4. Me gusta la camisa blanca pero me gusta más/prefiero la azul.
5. ¿Me puedo probar esta chaqueta?
6. ¿Cómo queda? / ¿Cómo quedan? Le favorece mucho.
7. Me queda bien / Me quedan bien. No me queda bien / No me quedan bien.
8. Me está grande. / Me están grandes.
9. Quiero una rebeca con cremallera / botones.
10. Me queda un poco apretado(a)/Me aprieta un poco / Me quedan un poco anchos(as).
11. Quiero unos zapatos de/con cordones / zapatos sin cordones / zapatos con hebilla.
12. El jersey/suéter va bien/hace juego con los pantalones.
13. La calidad es muy buena/está muy bien.
14. ¿Qué tela es? / ¿Es 100% algodón / lana?
15. ¿Es una mezcla de fibras sintéticas?

los comestibles

1. ¿Es de hoy? / ¿Son de hoy?
2. Se puede comprar envasado.
3. Se puede comprar suelto.
4. Ha pasado la fecha de caducidad.
5. Diez lonchas finas / gordas de jamón york/cocido.
6. Dos entrecotes.
7. ¿Me puede picar un kilo de esta ternera?
8. ¿Se la pico una o dos veces? Una vez es suficiente/bastante.
9. Un kilo y medio de magro de cerdo para guisar.
10. Busco/Estoy buscando un paquete / un tarro/un bote / una bolsa / una tarrina / un brik (de zumo) / una caja de…

11. Es suave / picante / curado / dulce / amargo.
12. Quiero unos plátanos maduros y unos tomates un poco verdes.
13. Fruta del tiempo / fruta en almíbar / frutos secos / ciruelas con hueso / aceitunas deshuesadas/sin hueso / nueces sin cáscara / gambas peladas / uvas sin pepita.
14. Lonchas de jamón y queso / pan en rebanadas / rodajas de frutas y verduras / tajadas de carne / un trozo de pastel o empanada.
15. ¿Se venden a peso o por unidad?

en el centro de jardinería

1. Necesito/Me hacen falta varias cosas, un saco de abono, algunos paquetes de semillas, dos macetas grandes de barro y cuatro pequeñas.
2. ¿Cuál es la mejor temporada para sembrar éstas?
3. ¿Cada cuánto se necesita podar / regar?
4. ¿Cuándo florece?
5. ¿Es resistente / venenoso / perenne / de hoja caduca?
6. ¿Crece bien al pleno sol/al sol caliente?
7. ¿Me puede decir por qué se ha muerto / se ha marchitado?
8. ¿De qué color es la flor?
9. Cultivo todas mis verduras.
10. ¿Se cultiva sólo/solamente en España / el Mediterráneo?
11. Éste es el nombre de la planta en inglés, ¿sabe usted el nombre en español?
12. Necesitamos un rastrillo, una pala, un desplantador, unas tijeras de podar y dos capazos grandes.
13. El jardín está lleno de malas hierbas.
14. La planta está enferma.
15. ¿Quiere aconsejarme sobre alimentar estas plantas?

Conversación 1

El dependiente: Buenos días. Dígame.

El cliente: Buenos días. Quiero uno de éstos, por favor y ¿tiene(n) otro juego como éste?

El dependiente: Sí, aquí tiene señor. Vamos a ver. Sí, me queda uno de estos juegos.

El cliente: ¡Qué suerte (tengo)! Eso es todo, gracias.

El dependiente: Son 33,67€

El cliente: Gracias. Hasta luego.

El dependiente: Gracias. Adiós/Hasta luego.

Conversación 2

La señora: ¿Me pone tres kilos de patatas rojas y ese melón pequeño, por favor.

El dueño del puesto: ¿Algo más, señora?

La señora: Sí. Me gustaría/Quiero sólo la mitad de esta sandia, una entera es demasiado. ¿La puede cortar por la mitad?

El dueño del puesto: Sí, claro. No hay problema.

La señora: Gracias. Hasta la próxima semana/Hasta la semana que viene.

El dueño del puesto: Adiós.

Conversación 3

El dependiente: Buenas tardes. ¿Le atiende alguien?

El cliente: No. Estoy buscando un regalo para un amigo. Algo que vaya bien con estos pantalones/Algo que haga juego con estos pantalones.

El dependiente: ¿Algo así, quizás?

El cliente: No, eso no es realmente lo que busco. Preferiría/Me gustaría más algo de la misma gama.

El dependiente: ¿Le enseño/muestro su catálogo? Si usted hace/encarga un pedido hoy, llegará/estará aquí para el próximo martes.

El cliente: Sí, ¿quiere pedirme esto, por favor?

El dependiente: Sí, por supuesto. ¿Puede dejar una pequeña señal?
El cliente: El 25%, 10€, ¿está bien?
El dependiente: Sí, gracias. Aquí tiene el recibo por los 10€.
El cliente: Gracias, muy amable.

Conversación 4

El cliente: Hola. ¿Tiene(n) otro de estos mecheros?
El dependiente: No, lo siento, hay que pedirlos.
El cliente: Vale, dejélo, gracias.
El dependiente: Vale. Adiós.

devolver mercancías

1. ¿Puedo cambiar estos zapatos por otros más grandes?
2. Quisiera que me los reembolsaran.
3. ¿Dan ustedes devoluciones en los artículos rebajados/en rebajas?
4. ¿Podemos cambiar esto por otro modelo?
5. Lo siento pero no tengo el recibo/tique.
6. No me dieron un recibo/tique.
7. Lo siento pero no puedo darle una devolución, sólo puedo darle un vale.
8. Esta plancha no funciona, ¿me la puede cambiar?
9. Pienso que estas auriculares están defectuosas.
10. Esto me lo regalaron, ¿por favor, puede(n) enseñarme/mostrarme cómo funciona?
11. No se ha estrenado.
12. Quiero cambiar esto, por favor. Fue un regalo sin estrenar.
13. Se ha usado/puesto sólo una vez.
14. Es caprichoso / poco fiable.
15. Estoy dispuesto(a) a pagar un poco más por un modelo mejor/superior.

Conversación 1

El cliente: Yo compré esta camisa hace dos días y cuando me la puse ayer, me di cuenta de que la costura se había descosido y de que se había deshilachado. Sé que no tienen otra en mi talla, entonces ¿pueden devolverme el dinero?

El dependiente: Por supuesto que sí. Aunque tenemos estas camisas de otra tela, ¿le gustan éstas? Las tenemos en su talla.

El cliente: No, no me gustan. Quiero una camisa de algodón, es más fresco/fresquito para el verano.

El dependiente: Bien. Entonces si usted tiene el tique/recibo de compra se lo devuelvo el dinero.

Conversación 2

La señora: Buenas tardes. ¿Puedo cambiar este abrigo por otro de un color más oscuro?

La dependienta: Lo siento señora pero no nos queda más/ningún otro. Esperamos tener más dentro de dos o tres semanas. ¿Le puedo dar un vale?

La señora: De acuerdo/Vale. Gracias, hasta pronto.

in the bar / restaurant

Simple phrase match

1. May we have the bill please?
2. Another serving please.
3. Do you have any homemade desserts?
4. For the main course.
5. We don't have a booking.
6. Another bottle of sparkling water please.
7. It's delicious.
8. What soup is it?
9. No ice.
10. We would like two more coffees, please.

a. ¿De qué es la sopa?
b. Queremos dos cafés más, por favor.
c. Está rico.
d. Sin hielo.
e. De segundo plato.
f. Otra ración, por favor.
g. ¿Nos trae la cuenta por favor?
h. ¿Tienen postres caseros?
i. No tenemos reserva.
j. Otra botella de agua con gas, por favor.

Translate:-

in the bar / coffee shop

1. Two white coffees and one black, decaffeinated.
2. May we have four glasses of red wine, one brandy and a glass of hot milk?
3. Could I have another black coffee with brandy?
4. We would like a selection of "tapas"/snacks.
5. One serving of each.
6. A selection of "tapas" for three people.
7. A cheese and tomato roll – with the tomato rubbed onto the bread, a small roll filled with cured ham and sliced tomato and a ham and cheese toasted sandwich.
8. One coffee liqueur with ice please, and one non-alcoholic apple liqueur without ice.
9. The usual, please.
10. Another round, please.
11. Something to nibble, some peanuts and a bag of crisps.
12. Could you pass me the serviettes, please?
13. A weak white coffee / a strong black coffee and three pieces of toast, two with oil and salt and one with butter.
14. How much is it?
15. Could you prepare separate bills for us, please?

in the restaurant

1. I would like to book a table for six people on Saturday for lunch/dinner.
2. We don't have a reservation, do you have a table free?
3. We would like to sit in the corner / inside / outside / on the terrace / in the sun / in the shade.
4. I would like/I'm going to have/I fancy/For me the soup.
5. What do you recommend (us)?

6. The set menu number two for the lady and the set menu of the day for me.
7. Could you bring us the *a la carte* menu please, and also the wine list?
8. For first course / second course / dessert / to drink.
9. Do you have any homemade desserts?
10. It is very good/nice/delicious / It was very good/nice.
11. I like it rare / medium / well done.
12. Is this suitable for vegetarians?
13. We would like one to share.
14. There is a mistake here on the bill; we didn't order this.
15. We have been charged twice for this.

things that the waiter says

1. What would you like (to eat or drink)? / Can I bring you anything?
2. Coming up! / I'll bring it/them to you right away.
3. Would you like coffee / dessert?
4. I recommend...
5. Is this table OK?/Would you like to sit here?
6. I'm sorry but we are full.
7. If you would like to have a drink at the bar, we will have/there will be a table free in half an hour.
8. Is everything alright for you?
9. Can I bring you anything else?
10. Be careful, the plate is hot!
11. Who would like to try the wine?
12. I'm sorry but we do not have any of this left.
13. Have you enjoyed your meal?
14. I'm very sorry for the mistake, here you have the revised bill.
15. The restaurant is closed for staff holidays.

Conversation 1

Waiter: What can I get you?

Gentleman: One freshly-squeezed orange juice and two beers, please.

Waiter: Draught or bottled-beer?

Gentleman: One of each, please.

Waiter: OK.

Conversation 2

Customer: Good morning. Could we have two white coffees, one small coffee with a dash of milk and one black coffee, decaffeinated?

Waitress: Certainly. The decaffeinated coffee, would you like it from the machine or from a sachet?

Customer: A sachet, please. Could you also bring us something to pick at/nibble, some almonds and some olives?

Waitress: Coming up, gentleman.

Conversation 3

Waiter: What would you like?

Lady: For me, the hors d'oeuvres followed by the sole.

Young lady: I'm going to have the clams for starters, and for the main course the salmon.

Gentleman: How is the house speciality made?

Waiter: It's cooked in red wine with onions, mushrooms and cured ham and is served with mashed potato and vegetables. It's delicious.

Gentleman: It sounds delicious. I'll try that.

Quiz

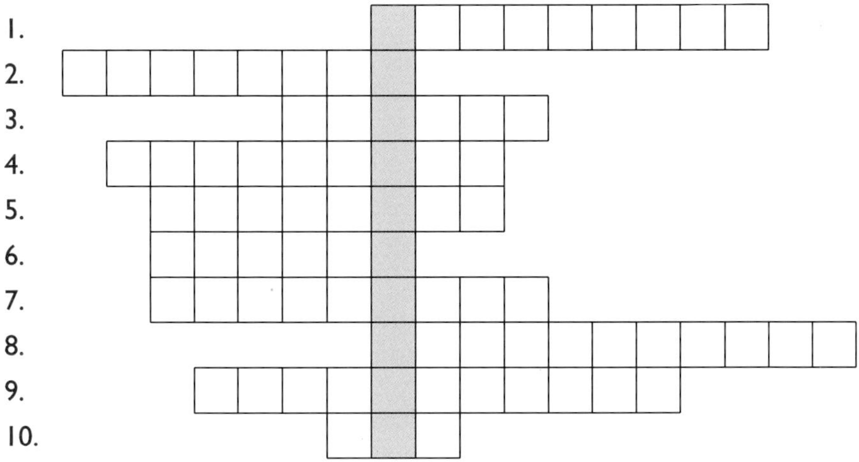

1. El lugar en donde se toma un helado.
2. El nombre general para una bebida noalcohólica como la gaseosa.
3. La comida hecha en casa.
4. El nombre colectivo para el cuchillo, el tenedor y la cuchara.
5. El hombre que atiende a los clientes.
6. Esto se utiliza para cubrir la mesa, normalmente de algodón.
7. El lugar en donde se toma un cafe.
8. El lugar en donde se toma una comida / una cena.
9. El nombre colectivo para el vinagre, el aceite, la sal y la pimienta.
10. El lugar en donde se toma una cerveza.

El sector hostelero.

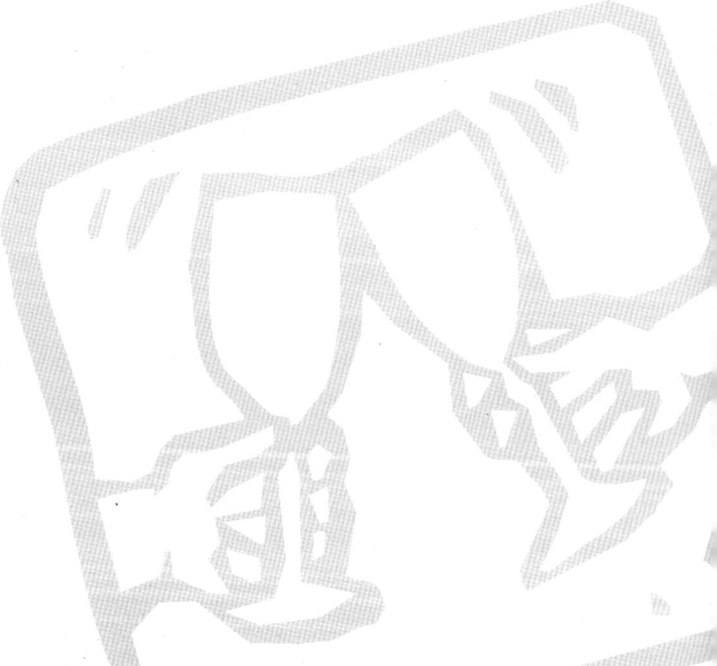

en el bar / restaurante

en el bar / en la cafetería

1. Dos cafés con leche y un café solo descafeinado.
2. ¿Nos pone cuatro copas/vasos de vino tinto, una copa de coñac y un vaso de leche caliente?
3. ¿Me pone otro carajillo?
4. Queremos/¿Nos pone? algunas tapas variadas.
5. Una ración de cada.
6. Una selección de tapas para tres personas.
7. Un bocadillo de queso y tomate restregado, medio bocadillo de jamón serrano y tomate en rodajas y un tostado de jamón york y queso.
8. Un licor de café con hielo por favor, y un licor de manzana no-alcohólico sin hielo.
9. Lo de siempre.
10. Otra ronda, por favor.
11. Algo para picar, unos cacahuetes y una bolsa de patatas fritas.
12. ¿Puede pasarme las servilletas, por favor?
13. Un café con leche flojo/corto de café / un café solo/cargado y tres tostadas, dos con aceite y sal y una con mantequilla.
14. ¿Cuánto es?/¿Me quiere cobrar?/¿Cuánto le debo?
15. ¿Puede prepararnos dos cuentas individuales?/¿Podemos pagar por separado?

en el restaurante

1. Quiero reservar una mesa para seis personas para el sábado para comer/cenar.
2. No tenemos (una) mesa reservada, ¿tienen/hay una mesa libre?
3. Queremos/Nos gustaría sentarnos en el rincón / dentro / fuera / en la terraza / al sol / a la sombra.
4. Yo quiero/Yo voy a tomar/A mí me apetece/Para mí la sopa.
5. ¿Qué (nos) recomienda usted?
6. El menú número dos para la señora y el menú del día para mí.
7. ¿Nos trae/¿Nos quiere traer la carta por favor, y también la carta de vinos?
8. De/Para primero / segundo / postre / beber.
9. ¿Hay/Tienen postres caseros/de la casa?
10. Está muy bueno/rico/sabroso / Estaba/Ha estado muy bueno.
11. Me gusta poco hecho / medio hecho/en su punto / muy hecho.
12. ¿Es esto adecuado para vegetarianos?
13. Queremos uno(a) para compartir.
14. Hay un error aquí en la cuenta, no pedimos esto.
15. Nos han cobrado dos veces por esto/Esto se ha cobrado dos veces.

cosas que dice el camarero

1. ¿Qué quiere(n) tomar? / ¿Qué va(n) a tomar? / ¿Le(s) triago algo?
2. En seguida/Ahora mismo / En seguida se lo/la/los/las traigo.
3. ¿Va(n) a tomar café / postre? / ¿Quiere(n) tomar café / postre?
4. (Yo) recomiendo...
5. ¿Está bien esta mesa? / ¿Quiere(n) sentarse aquí?
6. Lo siento pero está (todo) completo.
7. Si quieren tomar algo a la barra, tendremos/habrá una mesa libre dentro de media hora.
8. ¿Está todo bien?
9. ¿Puedo traerle(s) algo más?
10. ¡Cuidado, que quema el plato!

11. ¿Quién quiere probar el vino?
12. Lo siento pero no nos queda esto.
13. ¿Le(s) ha gustado la comida?
14. Siento mucho por el error, aquí tiene(n) la cuenta revisada.
15. El restaurante está cerrado por vacaciones/descanso de personal.

Conversación 1

El camarero: ¿Qué les pongo?/¿Qué van a tomar?.
El señor: Un zumo de naranja natural y dos cervezas.
El camarero: ¿Cerveza de caña o de botella?
El señor: Una de cada.
El camarero: Muy bien.

Conversación 2

El cliente: Buenos días. ¿Nos pone dos cafés con leche, un café cortado y un solo descafeinado?
La camarera: Por supuesto. El descafeinado ¿lo quieren de máquina o de sobre?
El cliente: De sobre, por favor. ¿Nos puede traer también algo para picar, unas almendras y unas aceitunas?
La camarera: En seguida, señores.

Conversación 3

El camarero: ¿Qué van a tomar, señores?

La señora: Para mí, los entremeses seguido por el lenguado.

La señorita: Yo voy a tomar las almejas de/para primero y de/para segundo, el salmón.

El señor: La especialidad de la casa ¿cómo se hace?

El camarero: Se cocina en vino tinto con cebollas, champiñones y jamón serrano y se sirve con puré de patatas y verduras. Está buenísimo.

El señor: ¡Qué bueno! A mí me apetece mucho. Lo voy a probar.

on the phone / asking for someone

Simple phrase match

1. It is engaged.
2. Who's calling, please?
3. Nobody is answering.
4. May I speak to the boss, please?
5. Is his secretary there, please?
6. She isn't here at the moment.
7. Would you like to leave a message?
8. I can't hear you.
9. Can you hear me?
10. I'll call again later.

a. ¿Puedo hablar con el jefe, por favor?
b. ¿Me oye?
c. Está ocupado.
d. No le oigo.
e. ¿Quiere dejar un mensaje?
f. No contesta nadie.
g. ¿Está su secretaria, por favor?
h. ¿De parte de quién?
i. Volveré a llamar más tarde.
j. (Ella) no está en este momento.

Translate:-

general

1. May I/I would like to speak to Maria / Mr. Carmona, please?
2. Could you put me through to the person in charge / the boss / the manager / the director, please?
3. Is Carlos there? *(Pause):* Yes, speaking.
4. He isn't here at the moment; would you like to call again in twenty minutes? / Would you like to call again at eleven? / Would you like to try again a bit later?
5. I'm sorry, he's on holiday. He is back/He will be back on Monday.
6. Who's calling please? It's Mr. López / It's Ricardo / My name is Ricardo.
7. I'll put you through now.
8. It is engaged, would you like to hold? / Please hold.
9. You have the wrong number.
10. I'm calling you to report a fault.
11. I can't dial out / I can't receive calls / There is no dialling tone / There is no ringing tone.
12. Will you check a number for me, please? It is always engaged / The line is dead.
13. I keep getting cut off / It's a bad line / Can you hear me? / I can't hear you.
14. I would like to apply for a phone line.
15. I would like my phone line disconnected as from the…

Conversation 1

Gentleman: Good morning. May I speak to Mrs. Pastor, please?

Secretary: She's busy with another client at the moment. Would you like to leave a message for her?

Gentleman: Yes. Will you ask her to call Mr. Vidal when she has a moment? She has my number.

Secretary: Yes, certainly. Goodbye.

Conversation 2

Lady: Hello. Can I have extension 33, please?

Receptionist: Putting you through.

Secretary: Hello. Can I help you?

Lady: Hello Nuria. Is Ricardo there?

Secretary: No he isn't, Veronica. He's in a union meeting. Would you like me to tell him to call you when they finish?

Lady: Yes. Tell him to call me on my mobile.

Secretary: OK, Veronica. Bye.

Conversation 3

Customer: Hello. Can I speak to Mr. Torres, please?

Assistant: Yes, speaking.

Customer: Hello. It's Mr. Ballesteros. I wonder if you can tell me anything about an order that I placed with you on the 19th of last month?

Assistant: Yes. I was going to telephone you to let you know that it will be here on Thursday afternoon.

Customer: Oh good. In that case I'll probably come to collect it on Friday, but I'll call you anyway on Thursday at about seven to check that it has arrived, OK?

Assistant: Right you are sir.

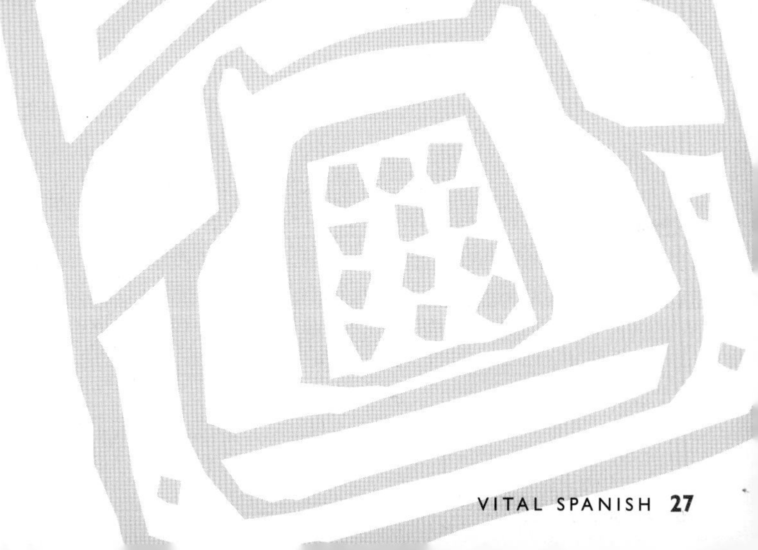

Quiz

1.
2.
3.
4.
5.
6.
7.
8.
9.
10.

1. La señal de marcar o de llamada.
2. ¡No cuelgue!
3. Esto se realiza por el teléfono.
4. Hablar.
5. Un defecto.
6. Comunicando.
7. Ocupado.
8. Esto se pide para que le pasen a usted a otra sección.
9. Si no funciona el teléfono, tiene una _ _ _ _ _ _.
10. Llamar a un número.

Llamar.

al teléfono / preguntar por alguien

general

1. ¿Puedo/Quiero hablar con Maria / el señor Carmona, por favor?
2. ¿Me pone/pasa con el encargado / el jefe / el gerente / el director, por favor?
3. ¿Está Carlos, por favor? (Una pausa): Sí, soy yo.
4. No está en este momento, ¿quiere volver a llamar dentro de veinte minutos? / ¿Puede llamar otra vez a las once? / ¿Puede intentar de nuevo un poco más tarde?
5. Lo siento, está de vacaciones. / Vuelve/Volverá el lunes.
6. ¿De parte de quien? Soy el señor López / Soy Ricardo / Me llamo Ricardo.
7. Ahora le pongo/paso.
8. Está comunicando/ocupado ¿quiere esperar? / No cuelgue/No se retire.
9. Usted se ha equivocado (de número).
10. Llamo a avisarles de una avería.
11. No se puede hacer llamadas / No se puede recibir llamadas / No hay tono de marcar / No hay tono de llamada.
12. ¿Quiere comprobarme un número, por favor? Está siempre comunicando / No hay línea.
13. Siempre se me corta la línea / Se oye muy mal / ¿Me oye? / No le oigo.
14. Quiero solicitar/pedir el alta de la línea.
15. Quiero solicitar/pedir la baja de la línea a partir del/desde el…

Conversación 1

El señor: Buenos días. ¿Puedo hablar con la Señora Pastor, por favor?

La secretaria: Está ocupada con otro cliente en este momento. ¿Quiere dejarle algún mensaje?

El señor: Sí. ¿Puede rogarle que llame al Sr. Vidal cuando tenga un momento? Tiene mi número (de teléfono).

La secretaria: Sí, por supuesto. Adiós.

Conversación 2

La señora: Hola. ¿Me pone/pasa con la extensión 33, por favor?

La recepcionista: Le pongo/paso ahora.

La secretaria: Hola. ¿Dígame?

La señora: Hola Nuria. ¿Está Ricardo?

La secretaria: No, no está, Verónica. Está en una reunión del sindicato. ¿Quieres que le diga que te llame cuando terminen?

La señora: Sí. Dile que me llame al móvil.

La secretaria: Vale, Verónica. Hasta luego.

Conversación 3

El cliente: Hola. ¿Puedo hablar con el Señor Torres, por favor?

El dependiente: Sí, soy yo.

El cliente: Hola. Yo soy el Señor Ballesteros. ¿A ver si (usted) me puede decir algo sobre un pedido que hice con ustedes el (día) 19 del mes pasado?

El dependiente: Sí. Iba a telefonearle para avisarle/informarle que estará aquí el jueves por la tarde.

El cliente: Ah muy bien. Entonces a lo mejor iré a recogerlo el viernes, pero de todas maneras/de todas formas/de todos modos le llamaré el jueves sobre/a eso de las siete para comprobar/asegurarme que ha llegado, ¿vale?

El dependiente: De acuerdo señor. Hasta luego.

ticket / table reservations

Simple phrase match

1. Four tickets for the show on Thursday.
2. I'd like to reserve two seats.
3. One single/One-way ticket.
4. A window seat or an aisle seat?
5. Do you have a table for eight people for lunch tomorrow?
6. May we reserve a table on the terrace?
7. I'm sorry, we are full.
8. There is only one seat left.
9. There are three places left on the excursion.
10. The tickets for the concert are sold out.

a. Un billete de ida.
b. ¿Tienen una mesa para ocho personas para comer mañana?
c. Las entradas para el concierto están agotadas.
d. Quiero reservar dos asientos.
e. Cuatro entradas para el espectáculo el jueves.
f. ¿Podemos reservar una mesa en la terraza?
g. ¿Un asiento a la ventanilla o de pasillo?
h. Quedan tres plazas en la excursión.
i. Sólo queda un asiento.
j. Lo siento, está completo.

Translate:-

general

1. I'd like to change a booking, to depart on the following Wednesday if possible.
2. Can we include another person?
3. I need to change the name on one of the tickets.
4. The name on this ticket is spelt incorrectly.
5. I'd like to order the lamb for three people and a "paella marinera" for two, for the day after tomorrow at three o'clock.
6. What is the name, please?
7. There aren't any tickets left.
8. It's full for that day / those dates.
9. The tickets are sold out.
10. Take a note of the booking reference (number).
11. It can be booked/reserved with a credit-card.
12. Has a booking/reservation been made?
13. Nothing has been booked yet.
14. A booking has (already) been made.
15. At what time do I/we need to arrive?

Conversation 1

Clerk: Good afternoon/evening. How may I help you?

Mrs. Barker: Hello, good evening. I would like to book four tickets for the show on Saturday, with the meal as well.

Clerk: I'm sorry madam, but Saturday is fully booked. The next date available is Friday, 14th December.

Mrs. Barker: What a shame! Well, would you reserve four tickets for me for then, please?

Clerk: Yes. What name is it, please?

Mrs. Barker: My name is Barker.

Clerk: OK, Mrs. Barker, the reservation has been made. The booking number is 76.

Mrs. Barker: The show begins at nine o'clock, doesn't it?

Clerk: Yes, but you need to be here half an hour earlier to get your tickets from the ticket-office, because you may have to queue for a while.

Mrs. Barker: OK, thank you very much. Bye.

Clerk: See you on the 14th, madam. Bye.

Conversation 2

Waiter: Hello, how may I help you?

Mr. Cross: Hello, I would like to book a table for eight people for lunch on Thursday.

Waiter: Yes, sir. At around what time?

Mr. Cross: At about two o'clock.

Waiter: What is the name, please?

Mr. Cross: Mr. Cross.

Waiter: OK, sir. See you on Thursday.

Mr. Cross: Oh, by the way!/One other thing. May we sit at the round table in the corner, please?

Waiter: Yes, of course. No problem.

Mr. Cross: Many thanks. Bye.

Conversation 3

Waiter: Restaurant Buena Vida, good morning.

Mrs. Cortés: Good morning. Do you have a table for seven (people) for dinner this evening?

Waiter: Please wait a moment madam while I ask. *(A few seconds later)*: If you get here late madam, at ten thirty, it'll be fine.

Mrs. Cortés: OK, thank you very much. The name is Mrs. Cortés.

Waiter: Very well, madam. Goodbye.

Conversation 4

Client: I would like to book two tickets for the excursion to Madrid on 1st June.

Agent: Yes, sir. Will you give me your name, please?

Client: Wilkinson.

Agent: Could you spell that for me, please?

Client: Yes, W, I, L ,K, I, N, S, O, N. At what time and from where does the coach leave?

Agent: It leaves at a quarter to seven in the morning, from the bus station next to the Health Centre.

Client: OK. Shall I give you my credit card number? It's Visa and the number is...

Agent: Thank you, Mr. Wilkinson. We'll see you in two weeks time. Goodbye.

Client: Goodbye.

Conversation 5

Client: Good evening. Are there three seats available to fly to Edinburgh on Saturday?

Agent: I will have a look for you right away. Let's have a look. *(A pause)*: Yes, there are seats. Shall I book them for you?

Client: Yes please, and we would like to return in a month's time.

Agent: Would you like to book a hotel as well?

Client: Yes, but only for the first week. We would like one which is central. One double room and one single. We are also going to need a medium-sized car, for the whole time we're there.

Agent: Right, it's all done. I'll give you a reference number which you will need to quote at the check-in desk so that you can collect your tickets. Have a good trip.

Client: Thank you very much. You have been very helpful.

Quiz

1. El lugar en donde se ve una obra dramática.
2. Una muestra comercial o de arte.
3. Una proyección de película.
4. Un mueble en donde se sienta.
5. El lugar en donde se proyectan películas.
6. Asiento de teatro o ferry.
7. El punto en donde se sacan entradas.
8. Autobús.
9. Viaje corto.
10. Asiento, espacio general.
11. Cuando no quedan entradas, están _ _ _ _ _ _ _ _.

Una representación de teatro.

reservar billetes / entradas / mesa

general

1. Quiero cambiar una reserva para salir el miércoles siguiente ¿si es posible?
2. ¿Podemos incluir a otra persona?
3. Necesito cambiar el nombre en uno de los billetes.
4. El nombre en este billete se deletrea/se escribe incorrectamente.
5. Quiero encargar el cordero para tres (personas) y una paella marinera para dos, para pasado mañana a las tres.
6. ¿A qué nombre?/¿Cuál es su nombre?/¿A nombre de quién?/¿Cómo se llama usted?
7. No quedan entradas.
8. Está completo para aquel día / aquellas fechas.
9. Las entradas están agotadas.
10. Tome nota del número de reserva.
11. Se puede reservar con tarjeta de crédito.
12. ¿Se ha hecho una reserva?
13. Todavía no se ha reservado nada.
14. (Ya) se ha hecho una reserva.
15. ¿A qué hora necesito / necesitamos llegar?

Conversación 1

El empleado: Buenas tardes. Dígame.

La señora Barker: Hola, buenas tardes. Quiero/Me gustaría reservar cuatro entradas para el espectáculo el sábado, con la cena también.

El empleado: Lo siento señora, pero el sábado está completo. La próxima fecha que está disponible es viernes (día) catorce de diciembre.

La señora Barker: ¡Qué lástima! Bueno, ¿me puede reservar cuatro entradas para aquel día?

El empleado: Sí, ¿A nombre de quién?

La señora Barker: Mi nombre es Barker.

El empleado: Muy bien, señora Barker, la reserva está hecha. El número de la reserva es el 76.

La señora Barker: Gracias. Empieza/Comienza el espectáculo a las nueve, ¿verdad?

El empleado: Sí, pero ustedes tienen que estar/llegar media hora antes para sacar las entradas en la taquilla, porque puede ser/es posible que tengan que hacer cola durante un rato.

La señora Barker: De acuerdo/Vale. Muchas gracias. Adiós.

El empleado: Hasta el día catorce, señora. Adiós.

Conversación 2

El camarero: Hola. Diga.

El señor Cross: Hola, quiero reservar mesa para ocho personas para el jueves.

El camarero: Sí señor, ¿para/sobre qué hora?

El señor Cross: A eso de/sobre las dos.

El camarero: ¿Cuál es su nombre?

El señor Cross: El señor Cross.

El camarero: Muy bien, señor. Hasta el jueves.

El señor Cross: ¡Oígame, una cosa! ¿Podemos sentarnos a la mesa rotonda en el rincón?

El camarero: Sí, por supuesto/claro. Sin ningún problema.

El señor Cross: Muchas gracias. Adiós.

Conversación 3

El camarero: Restaurante Buena Vida, buenos días.

La señora Cortés: Buenos días. ¿Tienen/Tendrían una mesa para siete (personas) para cenar esta tarde?

El camarero: Espere un momento señora, que pregunto. *(Después de unos segundos)*: Señora, si vienen (ustedes) tarde, por ejemplo a las diez y media, estará bien.

La señora Cortés: Vale, muchas gracias. Soy la señora Cortés.

El camarero: Muy bien, señora. Hasta luego.

Conversación 4

El cliente: Hola. Quiero reservar dos billetes para ir de excursión a Madrid el uno/primero de junio.

El agente: Sí señor. ¿Me da su nombre?/¿Cuál es su nombre?.

El cliente: Wilkinson.

El agente: ¿Me lo deletrea, por favor?

El cliente: Sí, W, I, L, K, I, N, S, O, N. ¿A qué hora y de dónde sale el autobús/autocar?

El agente: Sale a las siete menos cuarto de la mañana de la estación de autobuses, junto al/al lado del centro de salud/el ambulatorio.

El cliente: Vale/De acuerdo. ¿Le doy mi número de tarjeta de crédito? Es Visa y el número es el...

El agente: Gracias, señor Wilkinson. Les veremos dentro de quince días ¿vale? Adiós.

El cliente: Adiós.

Conversación 5

El cliente: Buenas tardes. ¿Hay tres asientos disponibles para volar a Edimburgo el sábado?

El agente: Pues, enseguida/ahora mismo se lo miro. A ver. *(Una pausa)*: Sí (que) hay asientos. ¿Se los reservo?

El cliente: Sí, y queremos volver dentro de un mes.

El agente: ¿Quieren también reservar un hotel?

El cliente: Sí, pero solamente para la primera semana. Queremos uno que esté céntrico. Una habitación doble y una sencilla. También vamos a necesitar un coche, de tamaño mediano, para la duración de la estancia.

El agente: Bueno, está todo hecho. Les doy un número de referencia que tendrán que dar al llegar al mostrador de facturación para que puedan recoger/conseguir sus billetes. Buen viaje, señor.

El cliente: Muchas gracias, ha sido usted muy amable.

booking accommodation

Simple phrase match

1. A room with two single beds.
2. I prefer a double-bed.
3. With private bath or shower.
4. Does it have a sea-view?
5. What time is breakfast served?
6. What time will the room be available?
7. You must vacate the room before 11a.m.
8. Can we park the car in front of the hotel?
9. Is it possible to reserve the room for a further night?
10. Do you have a room at the back?

a. ¿Tienen una habitación en la parte de atrás?
b. Con baño o ducha.
c. ¿A qué hora se sirve el desayuno?
d. Debe desocupar/abandonar/salir de la habitación antes de las once.
e. Prefiero una cama de matrimonio.
f. Una habitación con dos camas individuales.
g. ¿Podemos aparcar el coche delante del hotel?
h. ¿Es posible reservar la habitación para una noche más?
i. ¿A qué hora estará disponible la habitación?
j. ¿Tiene vistas al mar?

Translate:-

general

1. I would like to book a single room with private bath for three nights.
2. Do you have a room just for tonight with two single beds / a double bed?
3. Does the room have a balcony / terrace / sea-view / garden-view / minibar / safe / heating / air-conditioning / satellite television?
4. Does it overlook the pool or the garden?
5. The price is 70€ plus tax.
6. Does it include breakfast? / Is breakfast included? / What time is breakfast / lunch / dinner / served?
7. Do you have a garage / parking/car-park?
8. We would like a room only / half-board / full-board.
9. Is there an entertainment programme in the hotel?
10. Do you have two keys? / Will you give us two keys?
11. Here is my identification / passport. Thank you, we will return it to you shortly.
12. We don't have any rooms available / The hotel is full.
13. Is the apartment / house available?
14. We would like to rent the apartment for the month of August.
15. How much is the rental per day / week / month?

Conversation 1

Mr. Benson: Good afternoon. Do you have a double room available for two nights, please?

Receptionist: Yes, sir. We have a large room with private bath, balcony and garden-view, or we have a smaller room with a shower.

Mr. Benson: How much is the large room and does it have a double bed?

Receptionist: It costs 105€ plus tax per night, and yes, it has a double bed. The smaller room has two single beds.

Mr. Benson: Fine. The large room, please. We'd like the buffet breakfast as well.

Receptionist: OK. The breakfast is included in the price, sir. May I have your passport / identity card? We will return it to you shortly.

Mr. Benson: Is there somewhere to park?

Receptionist: Yes. We have underground parking. Insert this token at the barrier. Here is your key; it's room number 88 on the ground floor at the end of this corridor on the right.

Mr. Benson: Thank you very much.

Conversation 2

Receptionist: Good morning, Buena Vista Hotel, may I help you?

Mrs. Navarro: Good morning. I'd like to book two double rooms, one triple and one suite for fourteen nights, from 3rd July, please.

Receptionist: Yes, madam. Would you like them all with a sea-view?

Mrs. Navarro: Yes, if possible. But more importantly, we would like one of the doubles with a double bed and the other one with two single beds. In the triple room we would like one double bed and a single, and finally, can you put a cot in the suite?

Receptionist: Yes, that's no problem. The suite will be on a higher floor, is that OK madam?

Mrs. Navarro: Yes, that's fine.

Receptionist: Could you give me your credit card number to secure the booking?

Mrs. Navarro: Yes, it's… It expires in….

Receptionist: Thank you very much, Mrs. Navarro. See you soon.

Conversation 3

Gentleman: Good evening. Do you have a single room just for tonight?

Receptionist: I'm very sorry, sir, but the hotel is full. There's another hotel about 200 metres away, ask there, hopefully they will have a room available for you.

Gentleman: Thank you for your help. Goodbye.

Quiz

1.
2.
3.
4.
5.
6.
7.
8.
9.
10.
11.

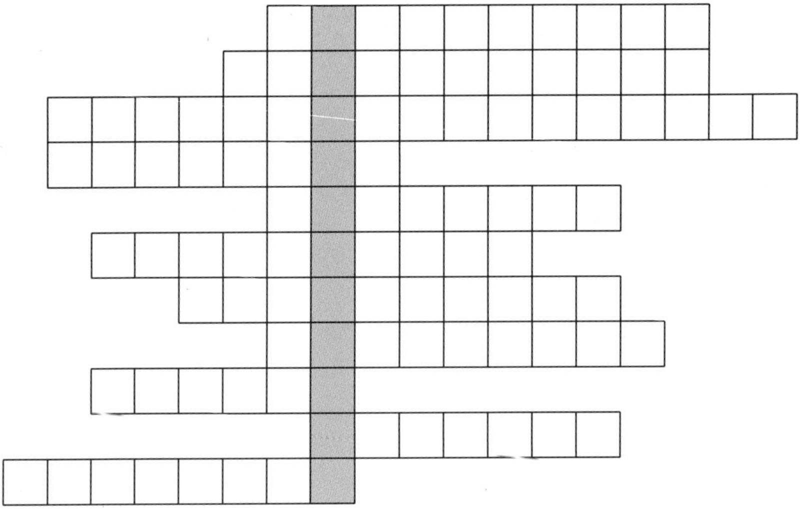

1. Esto se reserva en un hotel.
2. Es beneficioso tener esto en la habitación durante el invierno.
3. Y es ventajoso tener esto en el verano.
4. El nombre colectivo para las maletas y las bolsas.
5. La señora que sirve la comida a los clientes.
6. Una cama para dos personas.
7. Una cama sencilla.
8. Una caja fuerte o de _ _ _ _ _ _ _ _ _.
9. Aquí se puede sentar para disfrutar de las vistas.
10. Aquí se puede tumbar al lado de la piscina.
11. Se puede tomar esto por la mañana en el comedor del hotel.

Un lugar de hospedaje.

reservar alojamiento

general

1. Quiero reservar una habitación individual/una habitación para una persona con baño para tres noches.
2. ¿Tiene/Hay una habitación sólo/solamente para esta noche con dos camas individuales / una cama de matrimonio?
3. ¿Tiene la habitación balcón / terraza / vistas al mar / vistas al jardín / minibar / caja fuerte/caja de seguridad / calefacción / aire acondicionado / televisión satélite?
4. ¿Da a la piscina o al jardín?
5. El precio es de 70€ más IVA.
6. ¿Incluye el desayuno? / ¿Está incluido el desayuno? / ¿A qué hora se sirve el desayuno / la comida / la cena?
7. ¿Tienen/Hay garaje / parking/aparcamiento?
8. Queremos sólo/solamente habitación / media pensión / pensión completa.
9. ¿Tiene el hotel algún programa de actividades?
10. ¿Tiene(n)/Hay dos llaves? / ¿Puede(n) darnos dos llaves?
11. Aquí tiene mi tarjeta de identidad / pasaporte. Gracias, se lo devolvemos/devolveremos dentro de poco.
12. No tenemos habitaciones disponibles/libres / El hotel está completo.
13. ¿Está el apartamento / la casa disponible?
14. Queremos alquilar el apartamento para el mes de agosto.
15. ¿Cuánto es el alquiler por día / semana / mes?

Conversación 1

El señor Benson: Buenas tardes. ¿Tienen/Hay una habitación disponible para dos noches?

La recepcionista: Si señor. Tenemos una habitación grande con baño (privado), balcón y vistas al jardín o tenemos una habitación más pequeña con ducha.

El señor Benson: ¿Cuánto cuesta/vale la habitación grande? ¿Y tiene una cama de matrimonio?

La recepcionista: Cuesta 105€ más IVA por noche, y sí, tiene una cama de matrimonio. La habitación más pequeña tiene dos camas individuales/sencillas.

El señor Benson: Bien. La habitación grande, entonces. Queríamos el desayuno buffet también.

La recepcionista: Vale/De acuerdo. El desayuno está incluido en el precio, señor. ¿Me da su pasaporte / tarjeta de identidad? Se lo devolveremos dentro de poco.

El señor Benson: ¿Hay aparcamiento/parking?

La recepcionista: Sí. Tenemos parking/garaje en el sótano; meta esta ficha a la barrera. Aquí tiene la llave, es la habitación número 88 en la planta baja, al final de este pasillo a la derecha.

El señor Benson: Muchas gracias.

Conversación 2

La recepcionista: Buenos días, Hotel Buena Vista, dígame.

La señora Navarro: Buenos días. Quiero reservar dos habitaciones dobles, una triple y una suite para catorce noches/quince días, desde el/a partir del tres de julio.

La recepcionista: Sí, señora. ¿Quiere(n) todas con vistas al mar?

La señora Navarro: Sí, si es posible. Pero aún más importante, queremos una doble con cama de matrimonio y la otra con dos camas individuales. En la habitación triple queremos una cama de matrimonio y una individual y por último, ¿pueden poner una cuna en la suite?

La recepcionista: Sí, sin ningún problema. La suite estaría en un piso más arriba, ¿está bien, señora?

La señora Navarro: Sí, eso no importa.

La recepcionista: ¿Me da su número de tarjeta (de crédito) para asegurar la reserva?

La señora Navarro: Sí, es el...Caduca el...

La recepcionista: Muchas gracias, señora Navarro. Hasta pronto.

Conversación 3

El señor: Buenas tardes/noches. ¿Tienen una habitación individual sólo/solamente para esta noche?

La recepcionista: Lo siento mucho, señor, pero el hotel está completo. Hay otro hotel a doscientos metros de aquí, pregunte allí, a lo mejor tendrán una habitación disponible para usted.

El señor: Gracias por su ayuda. Adiós.

asking for / giving directions

Simple phrase match

1. The third street on the right.
2. Straight ahead as far as the church.
3. The centre is two kilometres away.
4. At the second set of traffic-lights.
5. Follow this road.
6. It's next door.
7. Turn around here.
8. After the petrol station.
9. At the third roundabout.
10. Opposite the cinema.

a. Está al lado.
b. Al segundo semáforo.
c. A la tercera rotonda.
d. Todo recto hasta la iglesia.
e. De/Den la vuelta aquí.
f. El centro está a dos kilómetros.
g. La tercera calle a la derecha.
h. Siga/Sigan por esta carretera.
i. Enfrente del cine.
j. Después de la gasolinera.

Translate:-

general

1. The post office is just around the corner.
2. To get on the Burgos road you have to take the next exit but one.
3. You have to turn round at the roundabout and go back to the third set of traffic-lights, where you turn left. After one kilometre you go through a tunnel and when you come out of the tunnel you will see the cathedral.
4. The park is at the next crossroads/junction.
5. The station is a long way from here, to the south of the city. You take the number 11 bus to the Plaza Mayor and then the number 25. You have to get off at Avenida Mediterráneo and the station is just a step away.
6. Excuse me, where are the toilets? They are at the bottom of the passage on the left.
7. Is the tourist information office near here/around here?
8. Where is the nearest bank?
9. The police-station is next to the town hall.
10. It is halfway down this street.
11. Towards the end of the lane there is a sharp bend.
12. You have to turn left.
13. You cannot drive into that street, it's no-entry.
14. This is a dead-end street.
15. That is a one-way street.

Conversation 1

Tourist: Excuse me please, can you tell me where the Gransol apartments are. Are they along this part of the beach?

Spaniard: No, they're at the other end, about one kilometre away. Follow this road until you reach the Red Cross, and you'll find the apartments just past there.

Tourist: Thank you very much.

Spaniard: You're welcome. Bye.

Conversation 2

Tourist: Excuse me; is the Victoria Theatre around here/near here?

La señora: Yes, it's right next to the bullring. Take the second street on the left and you will see it right in front of you, in the Plaza de España.

Tourist: Thank you. Bye.

Spaniard: Bye.

Conversation 3

Mr. Green: Excuse me; do you know where the Madrid Bank is?

Mr. & Mrs. Pérez: Yes, it´s that building over there on the right, the one on the corner of Seville Street.

Mr. Green: Oh yes, I see it. Thank you.

Mr. & Mrs. Pérez: You're welcome. Bye.

Quiz

1. Rotonda.
2. Glorieta.
3. Lo contrario de "izquierda."
4. Continuar.
5. Intersección de carreteras.
6. Hay que llevarse esto para no perderse.
7. Una calle lateral, pequeña.
8. Torcer.
9. Las luces de color rojo y verde.
10. Un mapa de la ciudad.

Un letrero.

pedir / dar direcciones

general

1. Correos está a la vuelta de la esquina.
2. Para coger la carretera a/para/de Burgos, hay que/usted tiene que coger la segunda salida después de ésta/la próxima salida no, la otra.
3. Hay que dar la vuelta a la rotonda y volver hasta el tercer semáforo, donde tiene que girar a la izquierda. A un kilómetro pasará por un túnel y al salir del túnel se ve la catedral.
4. El parque está (situado) en el próximo cruce.
5. La estación está lejos de aquí, al sur de la ciudad. Usted coge el autobús número 11 hasta la Plaza Mayor y luego el número 25. Tiene que bajar(se) en la Avenida Mediterráneo y la estación está a un paso.
6. Perdón/Perdone ¿dónde están los servicios/aseos? Están al fondo del pasillo a la izquierda.
7. ¿Está la oficina de turismo cerca de aquí/por aquí?
8. ¿Dónde está el banco más cercano?
9. La comisaría está al lado del/junto al ayuntamiento.
10. Está a la mitad de esta calle.
11. Hacia el final del camino hay una curva cerrada.
12. Hay que girar a la izquierda.
13. No se puede entrar en esa calle, se prohibe el paso.
14. Ésta es una calle sin salida.
15. Ésa es una calle de dirección única/obligatoria.

Conversación 1

El turista: Oiga, ¿me puede decir dónde están los apartamentos Gransol. Están por esta parte de la playa?

El español: Pues no, están en la otra parte a un kilómetro de aquí. Siga esta carretera y cuando llegue a la Cruz Roja, inmediatamente después, están los apartamentos.

El turista: Muchas gracias.

El español: De nada, hombre. Adios.

Conversación 2

El turista: Señora, ¿está el Teatro Victoria por aquí/cerca de aquí?

La señora: Sí, está justamente/justo al lado de la Plaza de Toros. Tome usted la segunda calle a la izquierda y lo verá allí enfrente, en la Plaza de España.

El turista: Gracias. Adiós.

La señora: Adiós.

Conversación 3

El señor Green: Perdonen, ¿Saben ustedes dónde está el Banco de Madrid?

Los señores Pérez: Sí, es aquel edificio a la derecha, el que hace esquina con la Calle Sevilla.

El señor Green: Ah sí, lo veo. Gracias.

Los señores Pérez: De nada. Adiós.

travel / modes of transport

Simple phrase match

1. The journey takes three hours.
2. There's a short delay.
3. I'm in compartment 4, seat number 37.
4. Is it a frequent service?
5. At what time does the next one leave?
6. Where do I catch the bus?
7. Can I change my return ticket?
8. Which form of transport do you recommend?
9. Is there a later flight?
10. At what time do we arrive?

a. ¿Es un servicio frecuente?
b. Hay un pequeño retraso.
c. ¿A qué hora llegamos?
d. Estoy en el coche 4, asiento 37.
e. ¿Qué modo de transporte recomienda?
f. ¿Dónde cojo el autobús?
g. El viaje tarda tres horas.
h. ¿A qué hora sale el próximo?
i. ¿Hay un vuelo más tarde?
j. ¿Puedo cambiar el billete de vuelta?

Translate:-

taxi

1. I need a taxi at half past nine to take me from…to….
2. Hello. Will you take me to the main-line railway station, please?
3. Will you take me to the (local) train/railway station?
4. How much is it to go to the Hotel Europa?
5. Can we get out here?
6. I want to go to/as far as the city and my friend wants to go/carry on/continue to/as far as the beach.
7. We will need a taxi to take three people to the airport, with three large suitcases.
8. Will all the suitcases fit in? / Will all the luggage fit in?
9. Will you wait for me here? / I'll be right back / I won't be long / I'll be ten or fifteen minutes.
10. I need to get to this address please, do you know where it is?
11. I'd like to book a taxi for tomorrow evening at nine o'clock.
12. I want to go via the Plaza Mayor to pick up a friend.
13. Which is the quickest / most direct route?
14. Can you give me an idea of the price?
15. Thank you very much. Keep the change.

bus/coach

1. Is this the stop to go to the port?
2. Which bus do I catch to go to the hospital?
3. One single to the hospital.
4. Three return tickets to the sports-centre.
5. How frequent are the buses to the centre?
6. Will you tell us when we get to the museum, please?
7. Will you tell us where we have to get off?
8. Will we make stops on route?
9. How long does the journey take?
10. Is it necessary to catch the bus at the bus station?

11. Does this bus go via Vallehermoso?
12. I'd like a bus pass for my son.
13. Is this the coach for Valladolid?
14. What time does the last bus leave?

ferry

1. Four return tickets and we also have a car, three and a half metres in length.
2. How long is the crossing?
3. We only want a seat, we don't want a cabin.
4. A single / double / family cabin, with / without a shower.
5. What time do we embark?
6. Are there any sick-bags?
7. What is the sea like? / Is it calm? / Is it rough?
8. We'd like a day / night crossing.
9. This crossing has been cancelled due to the bad weather.
10. Can all the passengers stay in the car during embarkation?
11. From which jetty/dock does it leave?
12. Here are your boarding cards/passes.
13. On which deck is my cabin?
14. Can we go up on deck?
15. At what time do we disembark?

train

1. Is there a direct train?
2. Do I have to change?
3. It's an inter-city express train.
4. It's a fast/express train.
5. Does it have a sleeping-car?
6. Does it have a restaurant-car?
7. Which platform does it leave from?
8. It's a suburban/local train.

9. It is a high speed train.
10. Do we show our tickets at the ticket-office or to the ticket inspector after getting on the train?
11. Excuse me sir, but this is my seat.
12. Do they announce the arrival at the station?
13. The train from Gerona is arriving at platform number 2.
14. The train is on track number 3.
15. At what time does the first train leave in the morning?

plane

1. What is the baggage allowance?
2. Do I have to pay excess baggage?
3. I have three suitcases to check-in and one item of hand luggage.
4. One aisle-seat / One window-seat, please.
5. Can we reserve our seats in advance?
6. Is it a non-stop flight?
7. Can I make a stop-over in…?
8. What is the reason for the delay?
9. From which terminal does this flight leave, please?
10. How long in advance/beforehand is it necessary to check-in for the flight?
11. To which check-in desk do I go for this flight?
12. Do you have any luggage labels?
13. My luggage has been lost / damaged in transit.
14. Which carousel is it?
15. Do I get the boarding card for the connecting flight now?

Conversation 1

Young man: What would it cost to go to the city centre, please?
Taxi driver: About 9€.
Young man: OK. Take me to the archaeological museum, please
Taxi driver: OK.

Conversation 2

Antonio: Excuse me; do you know where this street is? *(Indicating on the street plan).*
Taxi driver: Yes, it's on the other side of the park.
Antonio: OK. Could you drop me off at the Banco de Madrid?
Taxi driver: Yes, get in. I'll put your luggage in the boot.
Taxi driver: *(On arriving at destination)*: That will be 6.25€
Antonio: Thank you. Keep the change.

Conversation 3

Lady: One single to the Shopping Precinct, please.
Bus driver: 1.55€.
Lady: Will you tell me when we get there, please?
Bus driver: Yes madam.

Conversation 4

Englishman: Four return tickets to Buenas Brisas, please.

Ticket clerk: First or second class?

Englishman: First class, please. Which platform does the train leave from?

Ticket clerk: From platform 3. It's running thirteen minutes late, sir.

Englishman: OK, thank you.

Ticket clerk: Each ticket costs 36.50€ so that's 146€ in total.

Englishman: Thank you very much.

Ticket clerk: Thank you. Have a good journey.

Conversation 5

Peter Young: Good morning. When does the next plane leave for Bilbao?

Ticket clerk: At eleven twenty five, sir.

Peter Young: Could I have three one-way tickets, please?

Ticket clerk: I'm sorry, sir; there are only two seats available. There are three seats remaining on a later flight which leaves at ten to three. Shall I book them for you?

Peter Young: Well...yes, please. We have to get there by this evening.

Ticket clerk: There we are, sir. You must check in one hour beforehand at desk 34.

Peter Young: Thank you.

Quiz

1. La persona que lleva un coche o un autobús.
2. El punto en donde se sube al autobús o se baja del autobús.
3. Auxiliar de vuelo.
4. El edificio de donde sale o adonde llega el tren o el autobús.
5. Cuando esto excede el límite, hay que pagar exceso de equipaje.
6. Esto se compra para poder viajar en un tren, avión etc...
7. Unidad de distancia.
8. Esto se hace para garantizar plazas.
9. Se pasa por aquí en el aeropuerto cuando se tiene que declarar algo.
10. Línea divisoria entre un país y otro.
11. El punto dentro de una estación donde se espera el tren.
12. Un viaje lujo en barco.
13. Subirse a un barco o un avión.

Un ferry.

viajar / modos de transporte

el taxi

1. Necesito un taxi a las nueve y media para que me lleve desde... a...
2. Hola. ¿Me lleva a la estación de RENFE, por favor?
3. ¿Me lleva a la estación de tren/estación de ferrocarril?
4. ¿Cuánto vale/¿Cuánto me cobraría? para ir al Hotel Europa?
5. ¿Podemos bajar(nos) aquí?
6. Yo quiero ir hasta/a la ciudad y mi amigo quiere ir/seguir/continuar hasta la playa.
7. Necesitaremos un taxi para llevar a tres personas al aeropuerto, con tres maletas grandes.
8. ¿Cabrán todas las maletas? / ¿Cabrá todo el equipaje?
9. ¿Quiere esperarme aquí? / Vuelvo/Volveré en seguida / No tardaré mucho / Tardaré diez o quince minutos.
10. Necesito llegar a esta dirección, ¿sabe usted dónde está?
11. Quiero reservar un taxi para mañana por la tarde a las nueve.
12. Quiero pasar por la Plaza Mayor para recoger a un amigo.
13. ¿Cuál es la ruta más rápida / más directa?
14. ¿Me puede dar una idea aproximada del precio?
15. Muchas gracias. Quédese la vuelta.

el autobús/el autocar

1. ¿Es ésta la parada para ir al puerto?
2. ¿Qué autobús cojo para ir al hospital?
3. Un billete de ida para el hospital.
4. Tres billetes de ida y vuelta al polideportivo.
5. ¿Con qué frecuencia van los autobuses al centro?
6. Por favor, ¿puede avisarnos cuando lleguemos al museo?
7. Por favor, ¿puede avisarnos dónde tenemos que bajar(nos)?
8. ¿Haremos paradas en camino?
9. ¿Cuánto (tiempo) tarda el viaje?
10. ¿Hay que coger el autobús en la estación de autobuses?
11. ¿Pasa este autobús por Vallehermoso?
12. Quiero un bonobús para mi hijo.
13. ¿Es éste el autocar para Valladolid?
14. ¿A qué hora sale el último autobús?

el ferry (el transbordador)

1. Cuatro billetes de ida y vuelta y tenemos un coche también que mide tres metros y medio de largo.
2. ¿Cuánto tarda la travesía/el trayecto?
3. Queremos sólo/solamente butaca, no queremos camarote.
4. Un camarote individual / doble / familiar, con / sin ducha.
5. ¿A qué hora embarcamos?
6. ¿Hay bolsas para el mareo?
7. ¿Cómo está el mar? / ¿Está en calma? / ¿Está agitado/picado?
8. Queremos una travesía de día / de noche.
9. Esta travesía se ha anulado/cancelado debido al mal tiempo.
10. ¿Pueden todos los pasajeros quedarse en el coche durante la embarcación?
11. ¿Desde qué embarcadero/muelle sale?
12. Aquí están las/sus tarjetas de embarque.

13. ¿En qué cubierta está mi camarote?
14. ¿Podemos salir a la cubierta?
15. ¿A qué hora desembarcamos?

el tren

1. ¿Hay un tren directo?
2. ¿Tengo que hacer transbordo/cambiar de tren?
3. Es un "TALGO".
4. Es un tren rápido.
5. ¿Tiene coche-cama?
6. ¿Tiene coche-restaurante?
7. ¿De qué andén sale?
8. Es un tren de cercanías.
9. Es un tren de alta velocidad.
10. ¿Tenemos que mostrar/presentar los billetes en la taquilla o al revisor, después de subir al tren?
11. Perdone señor, pero éste es mi asiento.
12. ¿Anuncian/Se anuncia la llegada a la estación?
13. El tren está llegando al andén número 2.
14. El tren desde/procedente de Gerona está en la vía número 3.
15. ¿A qué hora sale el primer tren por la mañana?

el avión

1. ¿Cuál es el límite de equipaje?
2. ¿Tengo que pagar exceso de equipaje?
3. Tengo tres maletas para facturar y una bolsa de mano.
4. Un asiento de pasillo / un asiento junto a la ventanilla.
5. ¿Podemos reservar los asientos de antemano/con antelación?
6. ¿Es un vuelo sin escala?
7. ¿Puedo hacer escala en…?
8. ¿Cuál es el motivo/la razón por el retraso?

9. ¿Desde qué terminal sale este vuelo?
10. ¿Con cuánto tiempo de antelación es necesario presentarse para el vuelo?
11. ¿A qué mostrador de facturación voy para este vuelo?
12. ¿Tienen algunas etiquetas de equipaje?
13. Mi equipaje se ha perdido / dañado en tránsito.
14. ¿Qué cinta de equipaje es?
15. ¿Me da ahora la tarjeta de embarcación para el vuelo de enlace?

Conversación 1

El chico: ¿Cuánto costaría/valdría/¿Cuánto me cobraría para ir al centro de ciudad?

El taxista: Unos 9€.

El chico: Vale. Lléveme al museo arqueológico.

El taxista: Vale.

Conversación 2

Antonio: Perdóneme, ¿sabe usted dónde está esta calle? *(Indicando en el plano).*

El taxista: Sí, está al otro lado del parque.

Antonio: Vale. ¿Me puede llevar hasta el Banco de Madrid?

El taxista: Sí, suba (usted) al coche. Meto yo su equipaje en el maletero.

El taxista: *(Al llegar al destino)*: Son 6,25€.

Antonio: Gracias. Quédese con la vuelta.

Conversación 3

La señora: Uno de ida al Centro Comercial, por favor.

El conductor: 1,55€.

La señora: ¿Me avisa cuando lleguemos, por favor?

El conductor: Sí, señora.

Conversación 4

El inglés: Cuatro billetes de ida y vuelta para/a Buenas Brisas.

El empleado: ¿De primera o segunda clase?

El inglés: De primera clase. ¿De qué andén sale el tren?

El empleado: Del andén (número) 3. Viene con trece minutos de retraso, señor.

El inglés: Vale, gracias.

El empleado: Cada billete cuesta 36,50€, entonces/así que son 146€ en total.

El inglés: Muchas gracias.

El empleado: Gracias a usted(es). Buen viaje.

Conversación 5

Peter Young: Buenos días. ¿Cuándo sale el próximo avión para Bilbao?

El empleado: A las once y veinticinco, señor.

Peter Young: ¿Me da tres billetes de ida, por favor?

El empleado: Lo siento señor, hay sólo/solamente dos plazas/asientos disponibles. Quedan tres plazas en un vuelo que sale más tarde, a las catorce y cincuenta, ¿se las reservo?

Peter Young: Pues sí. Tenemos que llegar allí para esta tarde/noche.

El empleado: Ya está, señor. Tienen que/Deben presentarse una hora antes en el mostrador número 34.

Peter Young: Gracias.

health

Simple phrase match

1. What is wrong with me?
2. I'd like to make an appointment.
3. What is the result?
4. Is it anything serious?
5. I am worried about my illness.
6. I have a pain in my chest.
7. We'll do some tests.
8. He has a temperature.
9. I am allergic to penicillin.
10. I'm feeling better / worse.

a. Tengo dolor del pecho.
b. (Él) tiene fiebre.
c. ¿Qué me pasa?
d. Quiero hacer cita.
e. Me siento mejor / peor.
f. ¿Es algo grave?
g. Soy alérgico a la penicilina.
h. Estoy preocupado por mi enfermedad.
i. Hacemos unas pruebas.
j. ¿Cuál es el resultado?

Translate:-

at the doctor's

1. I'd like to make an appointment for a medical.
2. I'd like to make an appointment for a smear-test and also for a mammogram.
3. I have had a fall and I have hurt my wrist.
4. He has sprained his ankle.
5. Have I broken my finger? / I don't know if I have broken my finger.
6. He has fractured his arm.
7. My ankle is very swollen.
8. A lump/swelling has appeared on my leg.
9. My son has a temperature.
10. He has a rash on his chest.
11. It itches a lot / It doesn't itch / My neck itches.
12. I have a fungal infection on my foot/athlete's foot.
13. I have brought my medical history/notes from my doctor / a specialist in England.
14. Can I continue with the same treatment here?
15. Can you write me out a prescription for the same medicine?

Conversation 1

Patient: Good morning. Can I make an appointment to see Doctor Soler, please? This morning, if possible.

Recepcionist: Yes, just a moment, please. At one o'clock, is that OK?

Patient: Yes, that's fine.

Receptionist: Can I have your name?

Patient: It's Mr. West. Oliver West.

Receptionist: OK, Mr. West. See you later.

Patient: Yes. Thank you. Bye.

Conversation 2

Patient: Good morning, doctor. I have had a strong pain in my stomach for three days and now I am a little worried.

Doctor: Where does it hurt exactly? Is it a constant pain or does it come and go?

Patient: It's here. I have it most of the time, particularly after eating.

Doctor: I will send you for some tests. You need to telephone this number to make an appointment. In the meantime, try not to worry.

Conversation 3

Patient: Good afternoon. I have a note of referral from my doctor/GP. May I make an appointment to see the specialist?

Receptionist: Yes. Let's see. Thursday at a quarter to twelve, is that OK?

Patient: Yes, fine thanks.

Receptionist: Will you give me your name, please?

Patient: My name is West. Oliver West.

Receptionist: OK. See you on Thursday.

Conversation 4

Doctor: Good morning. Take a seat, please. What's the problem?

Patient: Well, I haven't been feeling very well at all over the last few days. I have a terrible cough and also catarrh on my chest. I ache all over and I have a slight temperature.

Doctor: Yes. You have a viral infection. Are you allergic to antibiotics?

Patient: No / I don't think so / Not as far as I know.

Doctor: I will write you out a prescription. You must take these capsules three times a day and finish the course.

Patient: Right. Thank you, doctor.

in the chemist

1. I would like/I need something for... / Do you have something for...?
2. Some tablets/Some pills for.../ some capsules / some sachets / some cough syrup / some medicine / a box of / a tube of cream/ointment.
3. Will you give me a course of these antibiotics?
4. I would like some antihistamines for...
5. I have hay fever.
6. She suffers from...
7. This is only available on prescription.
8. I'd like two types of cough syrup. I have a chesty cough and my son has a tickly cough.
9. Try this expectorant, it's very good.
10. These sticking plasters please, and a packet of bandages.
11. Can you give me any painkillers without prescription?
12. I think that I have a slight infection. What treatment do you recommend?
13. Do you have these sedatives/tranquillizers?
14. What is the dosage?
15. One box of paracetamol and something to soothe a sore throat.

Conversation 1

Customer: A box of aspirins and will you give me something to relieve flu symptoms?

Shop assistant: Aspirins for adults or children?

Customer: For adults.

Shop assistant: Here you are. For flu, these tablets are very effective as a painkiller and also for a temperature and nasal congestion.

Customer: OK, thank you. How much is it altogether?

Shop assistant: 11.80€.

Customer: Thank you, madam. Goodbye.

Conversation 2

Customer: Good afternoon. I need some antiseptic cream.

Shop assistant: Yes, sir. We have this one which is very good, or why don't you take a small bottle of iodine? Here in Spain people use it habitually.

Customer: OK, I'll try it. Do you have an analgesic in spray form that is also effective against bites and stings and minor wounds?

Shop assistant: Yes, this one is very good, and very popular.

Customer: That's fine. And lastly, I need something for indigestion.

Shop assistant: I recommend these sachets that neutralize the acid and we also have these tablets that you chew.

Customer: OK, I'll take both. How much is it?

Shop assistant: 16.20€.

Customer: Thank you. You've been very helpful.

Quiz

1.
2.
3.
4.
5.
6.
7.
8.
9.
10.

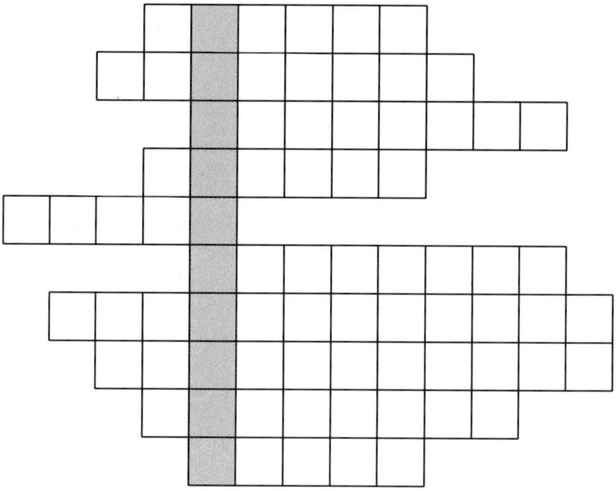

1. La persona a quien ve cuando está enfermo.
2. Consultorio.
3. Se compran los medicamentos aquí.
4. El médico le da esto para algunos medicamentos.
5. Molestia física.
6. El nombre alternativo para el medicamento.
7. A veces el médico le manda a ver a esta persona.
8. Rayos X.
9. Comprimido.
10 Cantidad de medicina.

Una dolencia.

la salud

una visita al médico

1. Quiero pedir/hacer cita para una revisión médica/un examen médico.
2. Quiero pedir cita para una citología y también para una mamografía.
3. Me he caído y me he hecho daño a la muñeca.
4. Se ha torcido el tobillo.
5. ¿Me he roto el dedo? / No sé si me he roto el dedo.
6. (Él) se ha fracturado el brazo.
7. Tengo el tobillo muy hinchado.
8. Me ha salido un bulto/un chichón/una hinchazón en la pierna.
9. Mi hijo tiene fiebre.
10. Tiene un sarpullido/una erupción en el pecho.
11. Pica mucho / No pica / Me pica el cuello.
12. Tengo hongos en el pie.
13. He traído mi historial médico realizado por mi médico/por un especialista en Inglaterra.
14. ¿Puedo continuar con el mismo tratamiento aquí?
15. ¿Puede usted escribirme una receta para el mismo medicamento/ la misma medicina?

Conversación 1

El paciente: Buenos días. ¿Puedo pedir cita para ver al Doctor Soler, por favor? Para esta mañana, si es posible.

La recepcionista: Sí, (espere) un momento, por favor. ¿A la una está bien?

El paciente: Sí, está bien.

La recepcionista: ¿Me da su nombre, por favor?

El paciente: Soy el Señor West. Oliver West.

La recepcionista: De acuerdo/Vale, Señor West. Hasta luego.

El paciente: Sí. Gracias. Adiós.

Conversación 2

El paciente: Buenos días, doctor. Hace tres días que tengo un dolor fuerte en el estómago/Tengo un dolor fuerte en el estómago desde hace tres días/Llevo tres días con un dolor fuerte en el estómago y ahora estoy un poco preocupado.

El médico: ¿Dónde le duele, exactamente/precisamente? ¿Es un dolor constante/¿lo tiene constantemente/continuamente, o va y viene?

El paciente: Está aquí. Lo tengo la mayor parte del tiempo, especialmente/particularmente después de comer.

El médico: Le mandaré/Le voy a mandar a hacerse unas pruebas. Usted necesita/tiene que llamar a este número para pedir cita. Mientras tanto, intente no preocuparse.

Conversación 3

El paciente: Buenas tardes. Tengo un volante que me ha dado mi médico (de cabecera). ¿Puedo pedir cita para ver al especialista?

La recepcionista: Sí. Vamos a ver. El jueves a las doce menos cuarto, ¿está bien?

El paciente: Sí, muy bien. Gracias.

La recepcionista: ¿Me da su nombre, por favor?
El paciente: Me llamo West. Oliver West.
La recepcionista: De acuerdo. Hasta el jueves.

Conversación 4

El médico: Buenos días. Siéntese, por favor. ¿Qué le pasa?
El paciente: Pues, no he estado nada bien/No me he sentido nada bien durante los últimos días. Tengo una tos terrible/fatal y también tengo catarro del pecho. Me duele todo y tengo un poco de fiebre.
El médico: Sí. Tiene una infección vírica. ¿Es (usted) alérgico a los antibióticos?
El paciente: No / Creo que no / Que yo sepa, no.
El médico: Le voy a escribir una receta. Debe tomar estas cápsulas tres veces al día y terminar el tratamiento/terminarlas todas.
El paciente: Vale. Gracias, doctor.

en la farmacia

1. Quiero/Necesito algo para... / ¿Tienen algo para...?
2. Unas pastillas/unos comprimidos para.../ unas cápsulas / unos sobres / un jarabe para la tos / algún medicamento/alguna medicina / una caja de / un tubo de crema/pomada.
3. ¿Me da/¿Quiere darme un tratamiento de estos antibióticos?
4. Quiero algún antihistamínico para...
5. Tengo fiebre de heno/Tengo alergia al polen.
6. Ella padece de...
7. Esto sólo se puede conseguir con receta médica.
8. Quiero dos tipos/clases de jarabe para la tos. Yo tengo el pecho congestionado/cargado y mi hijo tiene picor de garganta.
9. Pruebe usted este expectorante, es muy bueno.
10. Estas tiritas por favor, y un paquete de vendas.
11. ¿Pueden darme algún calmante sin receta?

12. Creo que tengo una pequeña infección. ¿Qué tratamiento recomienda(n) usted(es)?
13. ¿Tienen estos calmantes?
14. ¿Cuál es la dosificación?
15. Una caja de paracetamol y algo para aliviar la garganta dolorida.

Conversación 1

La cliente: Un caja de aspirinas y ¿me da algo para aliviar los síntomas de la gripe?

La dependienta: ¿Aspirinas para adultos/mayores o para niños?

La cliente: Para adultos.

La dependienta: Aquí tiene. Para la gripe, estas pastillas son muy eficaces, como analgésico y también para la fiebre y la congestión nasal.

La cliente: Vale, gracias. ¿Cuánto es en total?

La dependienta: Son 11,80€.

La cliente: Gracias, señora. Adiós.

Conversación 2

El cliente: Buenas tardes. Necesito alguna crema/pomada antiséptica.

El dependiente: Sí señor. Tenemos ésta que es muy buena o ¿por qué no se lleva un frasco/una botellita de yodo? Aquí en España la gente lo usa por costumbre.

El cliente: De acuerdo, lo pruebo (probaré). ¿Tienen algún analgésico en spray que también es eficaz contra las picaduras y las heridas leves?

El dependiente: Sí, éste es muy bueno, se vende mucho.

El cliente: Está bien. Por último, algo para la indigestión.

El dependiente: (Yo) recomiendo estos sobres que neutralizan el ácido y también tenemos estas pastillas que se mastican.

El cliente: Bueno, me llevo los dos. ¿Cuánto es?

El dependiente: 16,20€.

El cliente: Gracias. Ha sido muy amable.

repairs & maintenance

Simple phrase match

1. It doesn't work properly.
2. It needs a service.
3. It's under guarantee.
4. Is it worth repairing?
5. This piece is broken.
6. I have to order the parts.
7. You cannot use it as it is.
8. What is the problem?
9. I've repaired it.
10. Will you sign the service agreement?

a. Necesita una revisión.
b. Lo he reparado.
c. Tengo que pedir las piezas.
d. ¿Quiere firmar el contrato de mantenimiento?
e. No funciona bien.
f. ¿Cuál es el problema?
g. ¿Vale la pena repararlo?
h. Está bajo garantía.
i. Esta pieza está rota.
j. No se puede usar así.

Translate:-

general

1. When would it suit you?
2. Will you fill in the service book?
3. Have you stamped the service book?/Has the service book been stamped?
4. It is under guarantee.
5. It is guaranteed for three years/It has a three year guarantee.
6. The guarantee expires in August.
7. The guarantee has expired.
8. Will you look at my washing machine for me? It's making a strange noise.
9. It is not spinning / rinsing the clothes properly.
10. It jams/sticks halfway through the programme.
11. It has seized (up) / It needs oiling/greasing.
12. The television isn't working properly. There's no picture / sound.
13. I have a problem with my computer. Do I have to take it to you or can you come to my house?
14. The fridge / freezer keeps icing-up, it's necessary to defrost it frequently.
15. Is it a problem of minor / major importance?

Conversation 1

Manager: Good morning. How may I help you?

Mrs. Norton: Good morning. We bought a boiler in your shop in calle Mayor nine months ago and I'm calling you because during the last couple of days it has been leaking.

Manager: You have to call the Service Dept., to arrange for someone to look at it for you. The number is…

Mrs. Norton: OK. I'll call them now.

Conversation 2

Service engineer: Hello. Can I help you?

Mrs. Norton: Hello, good morning. I have just spoken to Hermanos González in Campoverde and they told me to call you to arrange for you to come and look at my boiler for me. It's leaking and I'm afraid to use it as it is.

Engineer: What model is it, madam?

Mrs. Norton: It's a 4000L and there is still three months guarantee left.

Engineer: What is your address?

Mrs Norton: It's Carretera de Campoverde 44, Las Fuentes.

Engineer: Well, I'll call round on Tuesday morning, OK?

Mrs. Norton: Can you tell me what time?

Engineer: Err…between eleven and one o'clock, is that alright?

Mrs. Norton: Fine. See you Tuesday. Bye.

Conversation 3

Mr. Coles: Hello, good morning. I'd like to arrange for you to service my car, please? I have a Seat 460JD.

Mechanic: Yes, of course. When would you like to bring it in?

Mr. Coles: The day after tomorrow, is that OK?

Mechanic: Let's see. Yes, that's fine, or would you like to bring it in tomorrow morning and then you'll be able to collect it the following day at one o'clock?

Mr. Coles: OK, fine.

Quiz

1.
2.
3.
4.
5.
6.
7.
8.

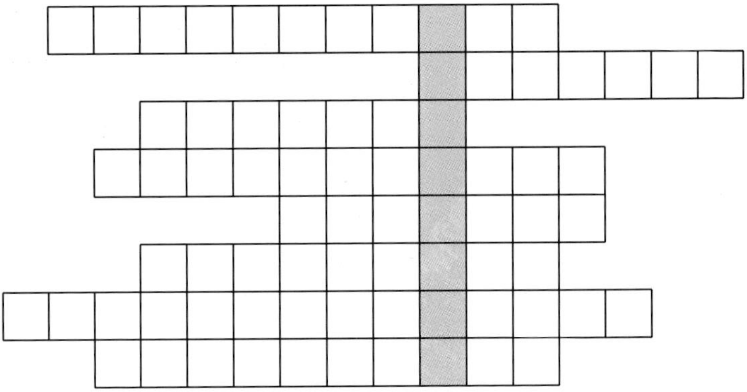

1. Si no hace esto la máquina de lavar, la ropa quedará empapada.
2. Y si no hace esto, quedará llena de detergente.
3. Con la maquinaria hay que hacer esto a intervalos regulares, de otra manera se podrían romper.
4. Podría pasar esto también al mecanismo.
5. El hombre que repara los electrodomésticos.
6. Y él se lleva estos en su furgoneta.
7 Él le podría cobrar a usted por esto, especialmente si ha tenido que recorrer cierta distancia.
8. Roto.

Esto asegura contra averías.

la reparación y el mantenimiento

general

1. ¿Cuándo le viene/vendría/vendrá bien?
2. ¿Quieren rellenar/completar el libro de mantenimiento?
3. ¿Han sellado el libro de mantenimiento?/Se ha sellado el libro de mantenimiento?
4. Está bajo garantía/Está en garantía.
5. Está garantizado(a) por tres años/Tiene garantía de tres años.
6. La garantía vence/expira/caduca en agosto.
7. La garantía ha vencido/expirado/caducado.
8. ¿Me quieren mirar/revisar la lavadora? Hace un ruido extraño/raro.
9. No centrifuga / aclara bien las ropas.
10. Se atasca/Se queda parada a (la) mitad del programa.
11. Se ha agarrotado / Hace falta lubricar/engrasar.
12. El televisor no funciona bien. No hay imagen / sonido.
13. Tengo un problema con el ordenador. ¿Tengo que llevárselo a usted o puede usted venir a mi casa?
14. El frigorífico / congelador siempre se hiela, es necesario/hace falta deshelarlo frecuentemente.
15. ¿Es un problema de poca / mucha importancia.

Conversación 1

El encargado: Buenos días. Dígame.

La señora Norton: Buenos días. Nosotros compramos una caldera en su tienda en calle Mayor hace unos nueve meses y les llamo porque hace un par de días que se sale/pierde/se escapa/gotea agua.

El encargado: Tiene usted que llamar al Servicio Técnico para que alguien vaya a mirárselo. El número de teléfono es el (siguiente)....

La señora Norton: De acuerdo. Les llamo ahora.

Conversación 2

El técnico: ¿Diga?

La señora Norton: Hola, buenos días. Acabo de hablar con Hermanos González en Campoverde y me han dicho que les llame a ustedes para que vengan a mirarme una caldera, es que se sale el agua y tengo miedo de usarla así/como está.

El técnico: ¿Qué modelo es, señora?

La señora Norton: Es un 4000L y todavía quedan tres meses de garantía.

El técnico: ¿Cuál es su dirección?

La señora Norton: Es la Carretera de Campoverde, número 44, Las Fuentes.

El técnico: Pues, me pasaré por ahí/iré por ahí/iré a mirársela el martes por la mañana, ¿de acuerdo?

La señora Norton: Sí. ¿Me puede decir a qué hora?

El técnico: Pues, entre las once y la una, ¿vale?

La señora Norton: Muy bien. Hasta el martes. Adiós.

Conversación 3

El señor Coles: Hola, buenos días. Quisiera que hicieran una revisión de mantenimiento. Tengo un Seat 460JD.

El mecánico: Sí, claro/por supuesto. ¿Cuándo lo quiere dejar/traer?

El señor Coles: Pasado mañana, ¿está/estará bien?

El mecánico: Vamos a ver. Sí, eso está bien. ¿O quiere dejarlo/traerlo mañana por la tarde, así (que) podrá recogerlo el día siguiente a la una?

El señor Coles: Vale, muy bien.

building & plumbing

Simple phrase match

1. Can you prepare an estimate for me?
2. How much is the labour?
3. Can you cover the pipe-work?
4. We want to do some alterations.
5. We have the builders in.
6. It is closed for refurbishment.
7. How much are the materials?
8. We want to extend the house.
9. We want to have a new bathroom fitted.
10. The wall is collapsing.

a. Está cerrado por obras.
b. ¿Cuánto vale la mano de obra?
c. Estamos en obras.
d. ¿Cuánto valen las materiales?
e. El muro se hunde.
f. ¿Puede prepararme un presupuesto?
g. ¿Puede tapar la tubería?
h. Queremos ampliar la casa.
i. Queremos hacer reformas.
j. Queremos instalar un baño nuevo.

Translate:-

building

1. Will you do an estimate for us for the following...?
2. We would like you to do some work for us.
3. We would like a self-contained apartment built.
4. The walls have to be rendered/plastered.
5. We need some plaster, sand, cement, grout and breeze blocks.
6. The concrete hasn't set yet.
7. They are laying the foundations.
8. The roof is falling in.
9. The beams are good / bad / rotten / They appear to have woodworm.
10. They are building a dry stone wall around the garden / perimeter of the plot.
11. They are going to knock down/demolish this.
12. We would like the windows in these measurements, double-glazed and one window with opaque / frosted glass. Aluminium / wooden / plastic frames. We want sliding doors leading onto the terrace/patio.
13. For the walls I like these tiles, and those for the skirting.
14. For the floor I would like those tiles over there, with dark grey grouting.
15. What I would like for the roof is that type of tile.

Conversation 1

Mr. Read: Please will you prepare an estimate for me for the following (work)?

Mr. Castillo: Yes of course. I will have it ready by Wednesday afternoon.

Mr. Read: Thank you. Could you give me a price for both options as I am not sure which one I want at the moment; if the second option does not cost much more, then that is what I would like to do.

Mr. Castillo: OK, no problem. I'm sure you will find that my quotation is very competitive.

Mr Read: I hope so. I have always been very pleased with your previous work.

Mr. Castillo: I'll see you next week then.

Mr. Read: Thank you. Much obliged.

Conversation 2

Mr. Stevens: Good morning. May I speak to Mr. Gil, please?

Secretary: Who's calling please?

Mr. Stevens: It's Mr. Stevens. Your firm has recently completed some work on my house while I was in England and I'm afraid that I am not at all satisfied.

Secretary: I'm sorry but Mr. Gil isn't here at the moment. Can I ask him to call round to see you on Saturday morning?

Mr. Stevens: Yes, I'll be at home then. Thank you. Bye.

Secretary: Goodbye sir.

Conversation 3

Mr. Gil: Good morning Mr. Stevens. I understand that you are dissatisfied with our workmanship. What exactly is the problem?

Mr. Stevens: Were you here yourself to oversee the work while I was away?

Mr. Gil: No sir, I was also away on business.

Mr. Stevens: Well, let me show you the end result and you will see that it was not completed as we had arranged. I am not willing to pay you any more until it has been put right.

Mr. Gil: I am very sorry sir. I see that it is not at all satisfactory. I will be back on Monday morning with two labourers so that we can complete the work to your liking as quickly as possible. I will not expect any further payment until you are fully satisfied. How does that sound?

Mr. Stevens: Yes that's fine.

plumbing

1. Can you repair a broken pipe for me?
2. There's a blockage in the wastepipe.
3. The water isn't draining out of the sink / bath.
4. The tap drips constantly.
5. The water is gushing out.
6. The bathroom is flooded.
7. The pipes have frozen up.
8. There is an airlock in the pipes, they need to be bled.
9. This part has rusted, it needs replacing.
10. Please come as soon as possible, it's an emergency! I'm in dire straits.
11. It is only a temporary measure.
12. It should hold out for now/for the time being.
13. OK, that's it. You shouldn't have any more problems!
14. There is an unpleasant / disgusting smell.
15. In your opinion, what should we do?

Conversation 1

Inés: Please can you repair the kitchen tap for me as soon as possible? It is leaking badly with a steady trickle of water. The bath tap is also dripping.

Plumber: Yes, I can come and have a look this afternoon. Is that convenient?

Inés: Yes. Thank you. I live at…

Plumber: *(Later)*: I've replaced the washer on the bathroom tap but you need a new tap in the kitchen. I've got this one if you'd like me to fit it?

Inés: Yes please.

Quiz

1.
2.
3.
4.
5.
6.
7.
8.

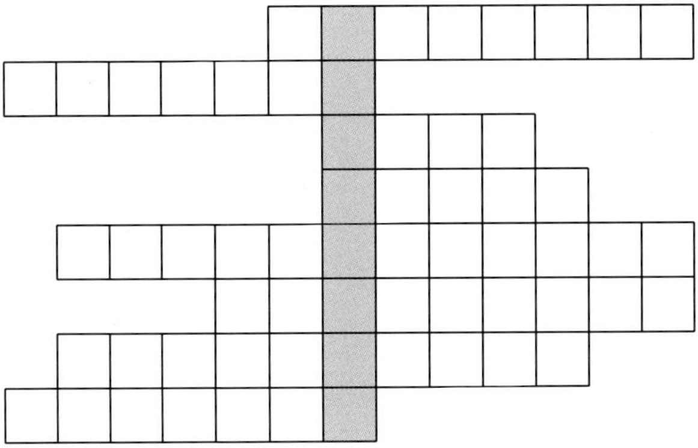

1. El nombre colectivo para los grifos.
2. Cañería.
3. Escape.
4. Trabajos de construcción.
5. Un constructor trabaja en esto.
6. La parte de un edificio sobre la que se sitúa.
7. Cantidad de agua excesiva por el suelo.
8. Enlucir.

Renovar.

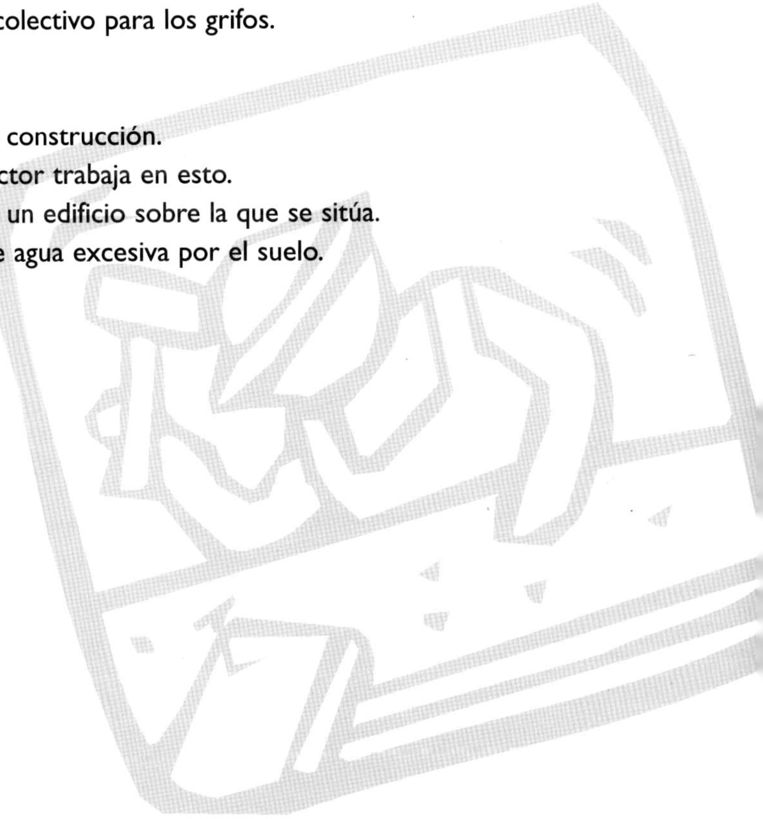

la construcción y la fontanería

la construcción

1. ¿Nos quiere hacer un presupuesto para hacer lo siguiente?
2. Queremos que usted nos haga unas/algunas obras.
3. Queremos que se construya un apartamento independiente/con entrada propia.
4. Hay que enlucir/enyesar las paredes.
5. Necesitamos/Nos hacen falta yeso, arena, mortero seco, tapajuntas y bloques de cemento.
6. El hormigón no se ha endurecido todavía.
7. Están poniendo los cimientos.
8. El tejado se derrumba/se hunde.
9. Las vigas están buenas / malas/podridas. Parece que tienen carcoma.
10. Están construyendo un muro seco alrededor del jardín / por el perímetro de la parcela.
11. Van a derribar esto.
12. Queremos las ventanas de estas medidas con doble acristalamiento y una ventana con cristal opaco / esmerilado. Los marcos de aluminio / madera / plástico. Queremos puertas corredizas/de corredera para salir a la terraza.
13. Para las paredes me gustan estos azulejos y ésos para el zócalo/ el rodapié.

14. Para el suelo quiero aquellas cerámicas/baldosas, con los tapajuntas de color gris oscuro.
15. Lo que quiero para el tejado es ese tipo/esa clase de teja.

Conversación 1

El señor Read: ¿Quiere(n) prepararme un presupuesto para lo siguiente/el siguiente trabajo?

El señor Castillo: Sí, por supuesto. Lo tendré listo / preparado para el miércoles por la tarde.

El señor Read: Gracias. ¿Quiere(n) darme un precio por las dos opciones como no estoy seguro en este momento de cuál quiera/ de cuál me interese más? Si la segunda opción no cuesta mucho más entonces eso es lo que me gustaría hacer.

El señor Castillo: Vale/De acuerdo, no es ningún problema. Estoy seguro de que usted encontrará que el presupuesto es muy competitivo.

El señor Read: Sí, así lo espero/Espero que sí. Siempre he estado muy contento con su(s) trabajo(s) anterior(es).

El señor Castillo: Hasta la próxima semana/la semana que viene entonces.

El señor Read: Gracias. Muy agradecido.

Conversación 2

El señor Stevens: Buenos días ¿puedo hablar con el señor Gil, por favor?

La secretaria: ¿De parte de quién?

El señor Stevens: Soy el señor Stevens. Su empresa recientemente ha terminado algún trabajo/algunas obras en mi casa mientras (yo) estuve/estaba en Inglaterra y no estoy nada satisfecho.

La secretaria: Lo siento pero el señor Gil no está en este momento. ¿Puedo pedirle que pase por ahí a/para verle el sábado por la mañana?

El señor Stevens: Sí, estaré en casa entonces. Gracias. Adiós/Hasta luego.

La secretaria: Adiós, señor.

Conversación 3

El señor Gil: Buenos días señor Stevens. Entiendo que usted está descontento/insatisfecho con nuestro trabajo ¿cuál es el problema exactamente?

El señor Stevens: ¿Estuvo aquí usted mismo para supervisar el trabajo mientras yo no estuve?

El señor Gil: No señor, yo también estuve fuera de negocios.

El señor Stevens: Pues, déjeme que le enseñe cómo ha quedado y verá que no se terminó como nosotros lo habíamos acordado. Yo no estoy dispuesto a pagarle nada más hasta que se haya puesto bien.

El señor Gil: Lo siento mucho señor. Veo que no es nada satisfactorio/adecuado. Volveré el lunes por la mañana con dos albañiles para que podamos terminar el trabajo a su gusto tan pronto como sea/lo antes posible. No espero ningún pago más hasta que usted esté plenamente satisfecho. ¿Está de acuerdo?

El señor Stevens: Sí está bien.

la fontaneriá

1. ¿Me puede reparar una rotura/fuga en las tuberías?
2. Hay un atasco en el desagüe.
3. El agua no se va del fregadero / baño.
4. El grifo gotea constantemente.
5. El agua está saliendo a chorros.
6. El baño se está inundado de agua.
7. La(s) tubería(s) se ha(n) helado.
8. Hay una burbuja de aire en la tubería, es necesario/hace falta desaguarla/sangrarla.
9. Esta pieza se ha oxidado, es necesario/hace falta reponerla.

10. Por favor, venga usted lo antes posible, ¡es una emergencia! Estoy en un serio apuro/aprieto.
11. Es sólo/solamente una medida provisional.
12. Debería aguantar/resistir por ahora.
13. Vale, ya está. ¡Usted no debería tener más problemas!
14. Hay un olor desagradable / asqueroso.
15. En su opinión ¿qué deberíamos hacer?

Conversación 1

Inés: Por favor ¿puede repararme el grifo de la cocina lo más pronto posible? Está goteando mal con un goteo continuo/constante de agua. El grifo de la bañera está goteando también.

El fontanero: Sí, puedo ir a mirarlo esta tarde ¿le viene bien?

Inés: Sí. Gracias. Vivo en …

El fontanero: *(Más tarde):* He repuesto la arandela en el grifo del baño pero usted necesita un grifo nuevo en la cocina. Yo tengo éste ¿si quiere que lo ponga/monte?

Inés: Sí, por favour.

do-it-yourself

Simple phrase match

1. Can you cut some planks of wood for me?
2. Which product do I use for this job?
3. Which one is more suitable?
4. These are the measurements.
5. I need it as soon as possible.
6. Does it include instructions?
7. I need some advice.
8. Do you deliver?
9. It won't fit in my car:
10. Will you call me when it's ready?

a. Necesito algún consejo.
b. Éstas son las medidas.
c. ¿Me puede cortar algunos tableros?
d. No cabe en mi coche.
e. ¿Hacen entregas a domicilio?
f. ¿Qué producto uso para este trabajo?
g. ¿Incluye instrucciones?
h. ¿Me quiere llamar cuando esté listo?
i. Lo necesito lo más antes posible.
j. ¿Cuál es más adecuado?

Translate:-

general

1. Will you prepare two pieces of chipboard for me with these measurements – 12.5cm x 15cm x 1.5cm?
2. I need a piece of plywood that measures 150cm x 10.5 cm x 1.2cm, with / without edging.
3. I want three pieces of MDF, the measurements of each piece/board are 60cm x 60cm x 2cm.
4. Will you prepare / mix five litres of paint for me? The reference number is R-60/0.5.
5. I want a litre of white paint, matt / satin / gloss / anti-mould, half a litre of primer and half a litre of undercoat.
6. I want some wood screws and some machine screws/bolts; I also need some locking nuts.
7. Is it easily fitted? / I find it difficult to fit.
8. The instructions for use are not very clear.
9. What a botch up! / It's a badly done job.
10. I am always doing odd jobs around the house.
11. I'm a handyman / handywoman.
12. She has done a really professional job of decorating the lounge.
13. I need something more resistant.
14. It's toxic / inflammable / corrosive / harmful / safe / non-toxic / anticorrosive / harmless.
15. It seems like a complicated job. Can you recommend anyone to do it?

Conversation 1

Customer: Good morning, can you help me please?

Shop assistant: Yes sir, what can I do for you?

Customer: I'm re-tiling our bathroom. We have chosen these tiles and I would like to know which is the best adhesive for fixing them on the walls.

Shop assistant: Are the walls currently tiled or have the old tiles (already) been removed?

Customer: At the moment the old ones are still in place.

Shop assistant: Well, if the old tiles are in good order and not loose, I have a special adhesive for fixing the new ones on top of the old ones. If you don't want to do this then you will have to remove the old ones and use another type of adhesive.

Customer: I didn't know that you could fix tiles on top of other tiles. What's the advantage of not removing the old ones?

Shop assistant: The job is usually done more quickly and it's not so messy.

Customer: I'll think about it. I'll just take the tiles for now.

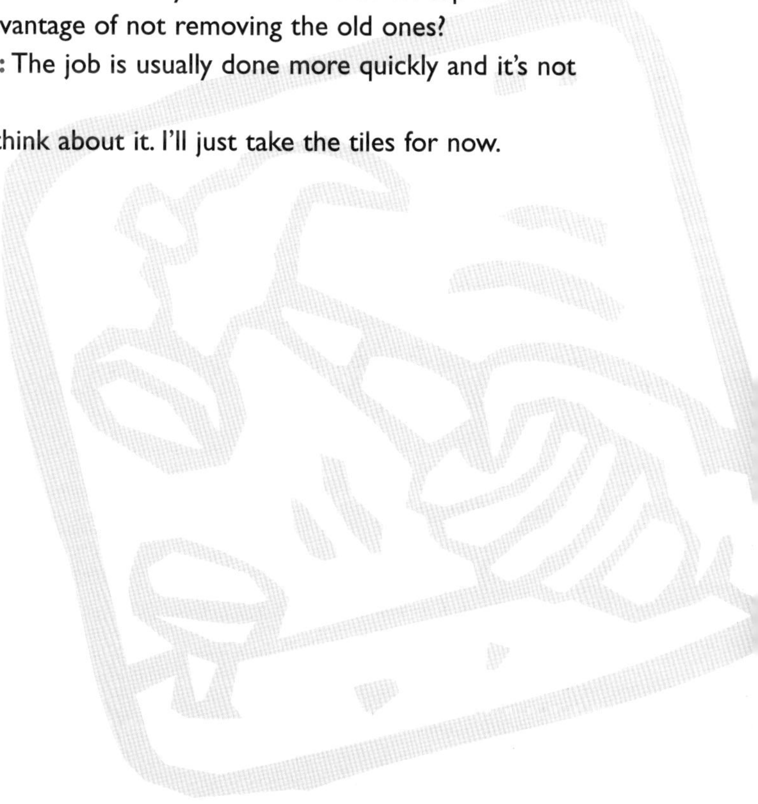

Quiz

1. Pino, roble, teca etc…
2. Esto se usa con el número 9.
3. Cepillo.
4. Esto se usa para hacer agujeros.
5. Un utensilio como los alicates, la sierra y la llave de tuercas.
6. Esto se usa con el número 7.
7. Esto se usa para clavar.
8. Esto se necesita para montar una puerta.
9. Esto se usa para atornillar.
10. Mate, satinado, esmalte etc…

El interiorismo.

el bricolaje

general

1. ¿Me quiere preparar dos tableros de aglomerada de estas medidas 12,5cm x 15cm x 1,5cm.
2. Necesito un tablero marino que mide 150cm x 10,5cm x 1,2cm, con / sin canto.
3. Quiero tres tableros de DM, las medidas de cada tablero son 60cm x 60cm x 2cm.
4. ¿Me quiere preparar / mezclar cinco litros de pintura. El número de referencia es R-60/0.5.
5. Quiero un litro de pintura blanca mate / satinada / brillante/ esmalte / antimoho, medio litro de selladora y medio litro de pintura primera mano.
6. Quiero unos tornillos rosca madera y algunos rosca pasante, también necesito unas tuerzas con freno.
7. ¿Se monta fácilmente? / Lo encuentro difícil de montar.
8. Las instrucciones de uso no son muy claras.
9. ¡Qué chapuza!/¡Vaya chapuza! / Es un trabajo mal hecho.
10. Siempre estoy haciendo chapuzas en la casa.
11. Soy un(a) manitas.
12. Ella ha pintado el salón como un verdadero profesional/experto.

13. Necesito algo más resistente.
14. Es tóxico / inflamable / corrosivo / dañino/nocivo / seguro / no tóxico / anticorrosivo / inocuo.
15. Parece un trabajo complicado. ¿Me puede recomendar a alguien para hacerlo?

Conversación 1

El cliente: Buenos días, ¿me puede ayudar?

El dependiente: Sí señor, dígame.

El cliente: Estoy revistiendo de azulejos el baño y quiero saber cuál es el mejor adhesivo para fijarlos/adherirlos/pegarlos a la pared.

El dependiente: ¿Están revestidas las paredes ahora o se han quitado ya los azulejos viejos?

El cliente: Por el momento los viejos todavía/aún están fijados.

El dependiente: Pues, si están en buenas condiciones/en buen estado los viejos y no están sueltos, yo tengo un adhesivo especial para fijar los nuevos sobre los viejos. Si usted no quiere hacer esto, pues tendrá que quitar los viejos y usar/utilizar/emplear otro tipo/otra clase de adhesivo.

El cliente: Yo no sabía que se pueden fijar azulejos sobre otros azulejos. ¿Qué ventaja tengo si no quito los viejos?

El cliente: Normalmente el trabajo se hace más rápido y no es tan sucio.

El cliente: Lo voy a pensar. Me llevo sólo los azulejos por ahora.

reporting a theft / burglary

Simple phrase match

1. My purse has been stolen.
2. I've been burgled.
3. They broke into our house.
4. I've come to report a theft.
5. There's a lot of damage.
6. One window is smashed.
7. Will you sign this statement?
8. Everything is upside down.
9. In broad daylight.
10. Nobody saw anything.

a. Entraron a robar en nuestra casa.
b. Todo está revuelto.
c. Me han robado.
d. Nadie vio nada.
e. Me han robado el monedero.
f. Hay mucho daño.
g. En plena luz del día.
h. Un cristal está roto.
i. Vengo a denunciar un robo.
j. ¿Quiere firmar esta declaración?

Translate:-

general

1. We have been robbed.
2. My wallet has been stolen.
3. They ran off.
4. We didn't see anyone.
5. The alarm went off / The alarm wasn't set.
6. I don't know what my insurance covers me for.
7. It was worth a lot / They were worth a lot / It had sentimental value.
8. They have caused/done a lot of damage.
9. Do you have any leads?
10. We'll make a claim on insurance.
11. There's a gang of thieves in the area.
12. A pickpocket stole my handbag in a crowded street.
13. Fortunately we were unharmed/unhurt.
14. We can give you a description of one of the men.
15. Have you arrested anyone in connection with the crime/offence?

Conversation 1

Mr. & Mrs. Baker: Good morning. My husband and I have just been robbed. We were in the market an hour ago and a pickpocket ran off with my husband's wallet. We didn't see if it was a man or a woman because it happened so quickly and the person disappeared/ran off into the crowd. We called/phoned to cancel our credit cards immediately and then we came directly/straight here.

Policeman: There have been other similar incidents to yours' this week in the markets in other towns in the area, and as a result we now have a fairly accurate description of two suspects. We believe that they live in a nearby village. I feel very sorry for you but we hope to be able to give you some positive news shortly. In the meantime, you must make a statement.

Mr. & Mrs. Baker: Yes, certainly. Thank you. We'll wait for some news.

Conversation 2

Gentleman: Good afternoon. I've come to report a robbery. My wife and I have been away for three days and on arriving home three hours ago we found the front door open and discovered that a lot of valuables had been stolen. Here is a detailed list of all the items.

Policeman: If you would like to make a statement with this list attached, we'll make some enquiries and we'll let you know if we come up with any information.

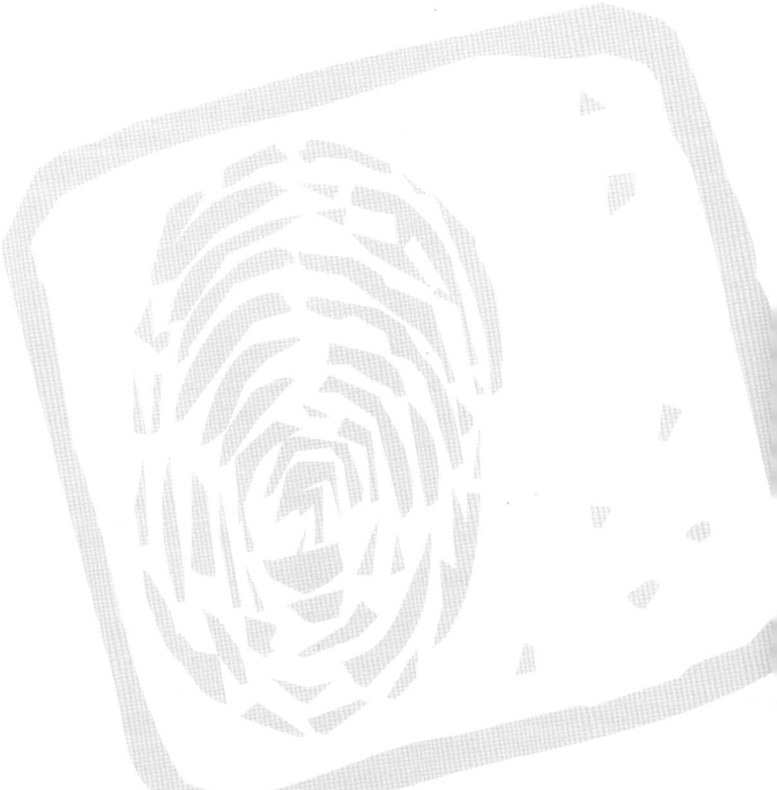

Quiz

1.
2.
3.
4.
5.
6.

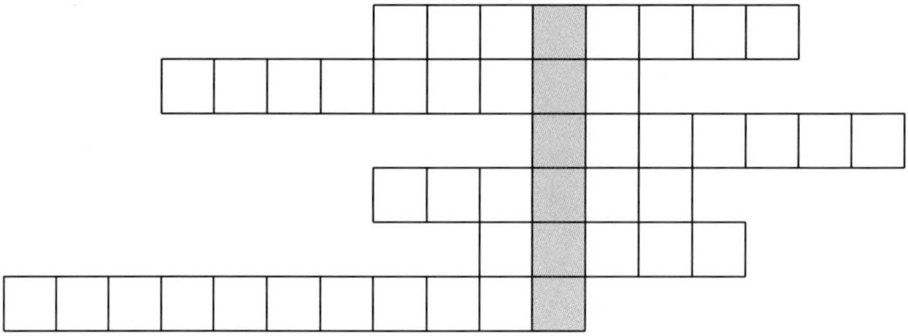

1. Se tiene que hacer esto con la compañía de seguros.
2. Hacer una denuncia.
3. Arrestar a alguien.
4. Sistema antirrobo.
5. Sisar.
6. Se tiene que firmar esto cuando se hace una denuncia.

El hombre que roba.

denunciar un robo

general

1. Nos han robado.
2. Me han robado el monedero.
3. Se escaparon/Se fugaron.
4. No vimos a nadie.
5. La alarma sonó / La alarma no estaba puesta.
6. No sé qué cosas cubre mi seguro.
7. Valía mucho / Valían mucho / Tenía un valor sentimental.
8. Han causado mucho(s) daño(s).
9. ¿Tienen ustedes alguna pista?
10. Reclamamos/Reclamaremos al seguro.
11. Hay una banda/pandilla de ladrones en la zona.
12. Un(a) carterista me robó el bolso en una calle atestada/abarrotada.
13. Por fortuna/Afortunadamente nosotros resultamos ilesos.
14. Podemos darle(s) una descripción de uno de los hombres.
15. ¿Han detenido a alguien en conexión con el delito?

Conversación 1

Los señores Baker: Buenos días. Acaban de robarnos a mi marido y a mi. Hemos estado/Estuvimos en el mercadillo hace una hora y un carterista se ha escapado/se ha fugado con la cartera de mi marido. No vimos si era (un) hombre o (una) mujer porque pasó/ocurrió/sucedió tan rápido y desapareció entre la multitud/la muchedumbre/el gentío. En seguida llamamos para anular/cancelar las tarjetas de crédito y luego hemos venido directamente aquí.

El policía: Ha habido otros sucesos similares/parecidos al suyo durante esta semana en los mercadillos de otros pueblos de la zona y resulta que ya tenemos una descripción bastante exacta/precisa de dos sospechosos. Creemos que viven en un pueblecito cercano. Siento mucho por ustedes pero esperamos poder darles alguna noticia positiva dentro de poco. Mientras tanto, deben hacer una declaración.

Los señores Baker: Sí, por supuesto. Gracias. Esperamos sus noticias.

Conversación 2

El señor: Buenas tardes. Vengo a denunciar un robo. Mi mujer y yo hemos estado fuera de viaje durante tres días y al llegar a casa hace tres horas, nos encontramos con la puerta abierta y descubrimos que se han robado muchos objetos de valor. Aquí tiene una lista detallada de todos los objetos.

El guardia: Sí usted quiere hacer una declaración con esta lista adjunta, nosotros haremos averiguaciones y le informaremos/avisaremos si nos enteramos de algo.

witnessing / being involved in an accident

Simple phrase match

1. There are witnesses.
2. We need an ambulance, quickly!
3. Is anyone injured?
4. Whose fault was it?
5. The breakdown truck is coming.
6. The police are here.
7. Three vehicles have collided.
8. The car is a write off.
9. Can I do anything?
10. I'll phone the emergency services.

a. Viene la grua.
b. Tres vehículos han chocado.
c. ¿Está herido alguien?
d. ¿Puedo (yo) hacer algo?
e. Hay testigos.
f. El coche está destrozado.
g. ¿Quién tiene la culpa?
h. Está (aquí) la policía.
i. Necesitamos a una ambulancia ¡rápido!
j. Llamo (yo) a los servicios de emergencia.

Translate:-

general

1. Please, someone call the police!
2. Send an ambulance / the fire brigade, quickly!
3. It's not serious / Nobody is injured / Fortunately there are no fatalities.
4. A car has been crushed underneath a lorry.
5. Nobody move him / her!
6. Will you give me your particulars/personal details?
7. It's only a scratch / crease / dent.
8. Didn't you see me approaching?
9. Look what you've done to my car!
10. He lost control of the car for reasons unknown.
11. I swerved to the right / I skidded into a wall.
12. She has a whiplash injury.
13. He has minor cuts and bruises.
14. They are in shock / They are very shaken up.
15. Can we come to some agreement and not go ahead on insurance?

Conversation 1

Emergency Services: Good morning. Can I help you?

Witness: Hello. We need an ambulance as soon as possible!

Emergency Services: Yes, sir. I'll put you through right away.

Ambulance Service: Yes. Can I help you?

Witness: Hello. There's been an accident. A car has collided with a motorbike and the driver of the bike is in a serious condition. We are in Montepinos, on the National Road, at the 224 km marker, on the way to Santiago. Please send an ambulance, quickly!

Ambulance Service: Yes, sir. It will be there in about fifteen minutes.

Conversation 2

Witness *(Talking to the driver of the car):* I've phoned 112, Emergency Services. The ambulance is on its way.

Driver *(In state of shock):* Thank you so much. Can you stay with me until the Police and ambulance get here? You saw it all, didn't you? It wasn't my fault. He jumped a red light.

Witness: Don't worry. I saw it all and I'll bear witness.

Quiz

1.
2.
3.
4.
5.
6.

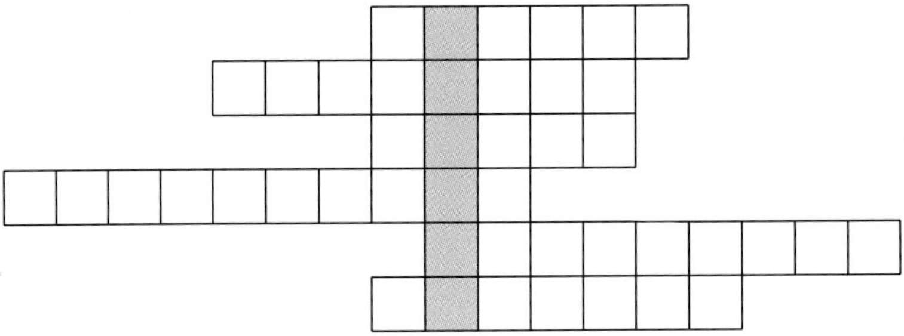

1. Colisión.
2. Uno de los servicios de emergencia.
3. Serio (suceso).
4. Esto se necesita para asistencia médica.
5. Estropear por completo.
6. Este agente se suele estar en el lugar del accidente.

La persona que necesita ayuda médica.

atestiguar / tener un accidente

general

1. Por favor, ¡llame alguien a la policía!
2. Mande a una ambulancia / a los bomberos, ¡rápido!
3. No es grave / Nadie está herido / Por fortuna/Afortunadamente no hay víctimas.
4. Un coche se ha aplastado debajo de un camión.
5. ¡(Qué) nadie le / la mueva!
6. ¿Quiere darme sus datos personales?
7. Es sólo una raya / una abolladura.
8. ¿No me había visto?/¿No me vio acercando?
9. ¡Mire lo que ha hecho a mi coche!
10. (Él) perdió el control del coche por razones desconocidas.
11. Giré bruscamente a/hacia la derecha. Empezé a patinar y di contra un muro.
12. (Ella) tiene traumatismo cervical.
13. (Él) tiene heridas y hematomas.
14. (Ellos) están en estado de shock / Están muy conmocionados.
15. ¿Podemos llegar a algún acuerdo y no seguir adelante con el seguro?

Conversación 1

Servicios de emergencia: Buenos días, dígame.

El testigo: Hola. Necesitamos una ambulancia cuanto antes/lo más pronto posible/lo antes posible.

Servicios de emergencia: Sí señor. En seguida le paso.

Servicio de ambulancia: Sí, diga.

El testigo: Hola. Ha habido un accidente. Un coche ha chocado con una moto y el conductor de la moto está grave. Estamos en Montepinos, en la Carretera Nacional (en el mojón) Km. 224, dirección Santiago. Por favor, mande usted a una ambulancia ¡rápido!

Servicio de ambulancia: Sí señor. Tardará unos quince minutos/Estará dentro de quince minutos.

Conversación 2

El testigo: *(Hablando al conductor del coche):* He llamado al 112, Servicios de emergencia. Viene la ambulancia.

El conductor: *(En estado de shock):* Muchísimas gracias. ¿Puede usted quedarse aquí conmigo hasta que lleguen la policía y la ambulancia? ¿Usted lo ha visto todo, verdad? Yo no tuve la culpa. Él se ha saltado un semáforo en rojo.

El testigo: No se preocupe. Yo lo he visto todo y lo atestiguaré.

at the town hall

Simple phrase match

1. We are inhabitants of this town.
2. We want to register on the electoral roll.
3. Will you put these in my name?
4. Planning permission.
5. Proof of electoral registration.
6. The neighbours make a lot of noise.
7. At which desk do I pay this?
8. I want to lodge a complaint.
9. I'd like to apply for a rebate.
10. I do not understand this form.

a. No entiendo este formulario.
b. Queremos empadronarnos.
c. Los vecinos hacen mucho ruido.
d. Somos habitantes de este pueblo.
e. Un justificante de empadronamiento.
f. ¿Quieren poner estos a mi nombre?
g. Quiero presentar una queja.
h. Quiero solicitar una devolución.
i. Permiso de obra.
j. ¿En qué mostrador pago esto?

Translate:-

general

1. I'd like to put a "Keep Clear" sign over my garage.
2. Will I receive a rebate?
3. We still haven't received the voting slips.
4. Are we eligible to vote?
5. I'd like to know if they are keeping within the law.
6. Are there by-laws?
7. The works do not meet all the requirements.
8. These are the legal requirements.
9. When is the car tax due?
10. Can I pay my rates by standing order?
11. The town hall/local authority has banned the lorries from driving through here.
12. We would like to register our children in the local schools.
13. Is it a matter for the town hall/local authority?
14. Does it fall within / outside the jurisdiction of the town hall?
15. I'd like to speak to the architect about the plans for my house.

Conversation 1

Mrs. Pérez: I am a resident of this town/district and I would like to be included on the electoral register.

Clerk: OK. Would you like to fill in this form. You will have to come back the day after tomorrow to pick it up.

Mrs. Pérez: OK. Also, I have received these rates demands but they are in the name of the previous occupant.

Clerk: Well, leave it with me, madam and we'll put them in your name.

Mrs. Pérez: Thanks you. Last of all, this is my water reading, I took it this morning because when they came to my house yesterday I wasn't in.

Clerk: OK madam, thank you.

Conversation 2

Mr. Dunn: I would like to request permission to burn some brushwood.

Clerk: Right. If you'd like to fill in this form, we will let you know in a couple of days of the dates and times during which you will be able have a fire.

Conversation 3

Mr. Mrs. Ruiz: We would like to apply for planning permission to extend our property.

Clerk: Well, what must be done first of all is/the first step is to provide us with all the (relevant) information that is requested on these forms and then in due course, we will be in touch with you to inform you of our decision.

Conversation 4

Mr. Fuentes: Hello. Can you tell me where the Planning Department is please?

Receptionist: Yes. It's on the first floor, second door on the right.

Mr. Fuentes: *(Upstairs):* Good morning. I live at…and I would like to clear up a matter which is concerning me. Our next-door neighbours at number 19J are extending their house in a way which will completely obstruct our view. I suspect that they don't have planning permission to carry out this work.

Clerk: Well, I'm not able to give you any information at the moment Mr. Fuentes, but we will look into the matter for you and you will hear from us shortly.

Mr. Fuentes: Thank you very much. Goodbye.

Quiz

1.
2.
3.
4.
5.
6.

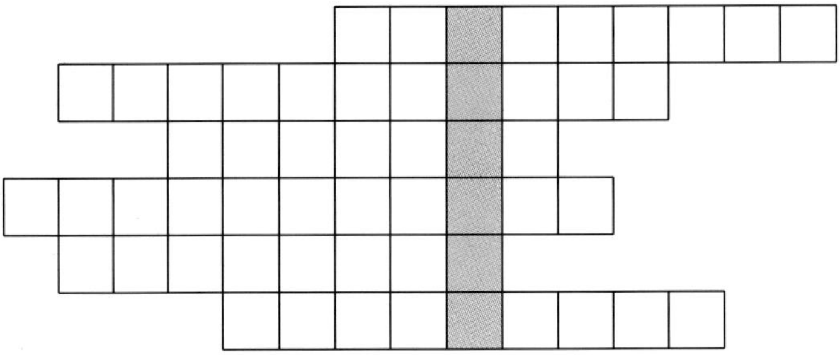

1&2. Estos se pagan periódicamente al ayuntamiento.
3. Él es el principal de un pueblo, elegido por el concejo municipal.
4. Empleado del ayuntamiento.
5. El hombre que recoge la basura.
6. Planificación urbana.

El censo.

en el ayuntamiento

general

1. Quiero poner un vado permanente por encima de mi garaje.
2. ¿Recibiré una devolución?
3. Todavía/Aún no hemos recibido las papeletas de votación.
4. ¿Tenemos derecho a voto/votar?
5. Quiero saber si están obrando legalmente.
6. ¿Hay ordenanzas municipales?
7. Las obras no cumplen todos los requisitos/todas las condiciones.
8. Éstos son los requisitos legales.
9. ¿Cuándo se paga el impuesto del coche?
10. ¿Puedo pagar los impuestos municipales por domiciliación?
11. El ayuntamiento ha prohibido la circulación de camiones por aquí.
12. Queremos/Nos gustaría matricular a nuestros hijos en los colegios del barrio.
13. ¿Es un asunto para el ayuntamiento?
14. ¿Entra dentro de / Se sale de la jurisdicción del ayuntamiento?
15. Quiero hablar con el arquitecto sobre los planes para mi casa.

Conversación 1

La señora Pérez: Yo soy habitante/vecina de este pueblo/esta población/este municipio y quiero empadronarme.

La funcionaria: Vale. ¿Quiere usted rellenar este formulario/este impreso/esta hoja? Tendrá que volver pasado mañana a recogerlo.

La señora Pérez: Muy bien. Otra cosa. He recibido estos recibos por los impuestos municipales pero están a nombre del propietario anterior.

La funcionaria: Pues, déjelo conmigo, señora y los pondremos a su nombre.

La señora Pérez: De acuerdo. Por último, esto es la lectura del agua, la he tomado yo esta mañana porque cuando se pasaron por mi casa ayer no estuve.

La funcionaria: Muy bien señora, gracias.

Conversación 2

El señor Dunn: Quiero pedir permiso para quemar la broza.

El funcionario: Vale. ¿Quiere usted rellenar esta hoja y nosotros le avisaremos/informaremos dentro de un par de días de las fechas y las horas durante las que podrá quemar.

Conversación 3

Los señores Ruiz: Nosotros queremos solicitar/pedir permiso de obra para (poder) ampliar nuestra casa/vivienda.

El funcionario: Bueno, lo que hay que hacer primero es/el primer trámite es/será facilitarnos/proporcionarnos toda la información (pertinente) que se requiere en estos formularios y luego pues, les comunicaremos nuestra decisión.

Conversación 4

El señor Fuentes: Hola. ¿Me puede decir dónde está la sección de urbanismo, por favor?

La recepcionista: Sí. Está en la primera planta/en el primer piso, la segunda puerta a la derecha.

El señor Fuentes: *(Arriba):* Buenos días. Yo vivo en…y me gustaría/ quiero aclarar/resolver un asunto que me preocupa. Los vecinos de al lado en el número 19J están ampliando su casa; la ampliación obstruirá completamente las vistas. Yo sospecho/Tengo la sospecha que ellos no tienen permiso para realizar estas obras.

El funcionario: Pues, yo no puedo informarle/darle información en este momento Señor Fuentes, pero nosotros investigaremos el asunto y recibirá usted alguna noticia dentro de poco.

El señor Fuentes: Muchas gracias. Adiós.

at the post-office

Simple phrase match

1. Six stamps for England.
2. A registered letter.
3. How do I fill it in?
4. Two padded envelopes.
5. Express delivery.
6. Three stamps for Spain.
7. How much does it cost to send this?
8. The postage is insufficient.
9. Proof of postage.
10. Could you weigh this parcel?

a. Dos sobres acolchados.
b. Tres sellos para España.
c. Una carta certificada.
d. El justificante de envío.
e. Correo urgente.
f. Seis sellos para Inglaterra.
g. ¿Cuánto vale para mandar esto?
h. ¿Cómo lo relleno?
i. ¿Puede pesar este paquete?
j. El franqueo es insuficiente.

Translate:-

general

1. Four stamps for Spain and ten for England.
2. I want to send this parcel by normal post and this one by express delivery.
3. I want to send this letter registered.
4. I need to send this letter with a postal order for 170€.
5. Do you have (any) padded envelopes?
6. I have just bought a house in the country in this borough / town and I would like to rent a letter-box here.
7. I'm going to be away until next month. Will you hold my post for me while I'm not here?
8. Will you weigh this parcel for me and tell me how much it would cost to send it to Australia?
9. I sent a registered letter abroad a month ago, but they still haven't received it. This is the proof of postage / postage receipt. Can you look into it for me, please?
10. How much is a stamp for an envelope of this size and weight?
11. I returned from a trip yesterday and I've come to collect the mail/post that you were holding for me.
12. How long does it take for a letter to arrive in Madrid, by normal post or by express delivery?
13. What is the difference in price between the two means/ways of posting?
14. We receive our post only two days per week, is the correct?
15. I just wanted to let you know that the postman has posted some of our letters in a neighbour's letter-box.

Conversation 1

Ana Belén: Good morning. The postman left this delivery advice in my post-box yesterday and so I've come to collect the parcel.

Clerk: Just a moment, I'll go and get it for you. Here you are. Can you sign here please and write today's date? You have to pay cash on delivery which is 51.28€.

Ana Belén: Thank you. Bye.

Conversation 2

Emilio: Hello. I want to send this parcel by registered post.

Clerk: Will you fill this in please? I will give you the bottom copy as proof of postage.

Emilio: Thank you. And I've also come to collect a registered letter.

Clerk: Please write your identification number / passport number here and sign and date it.

Emilio: Thank you. See you next time.

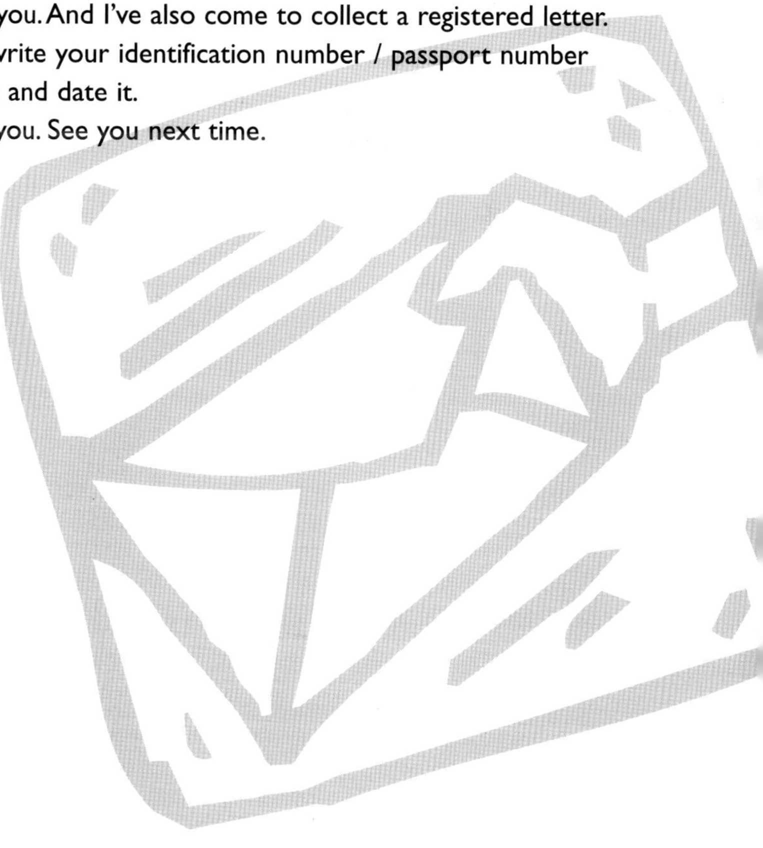

Quiz

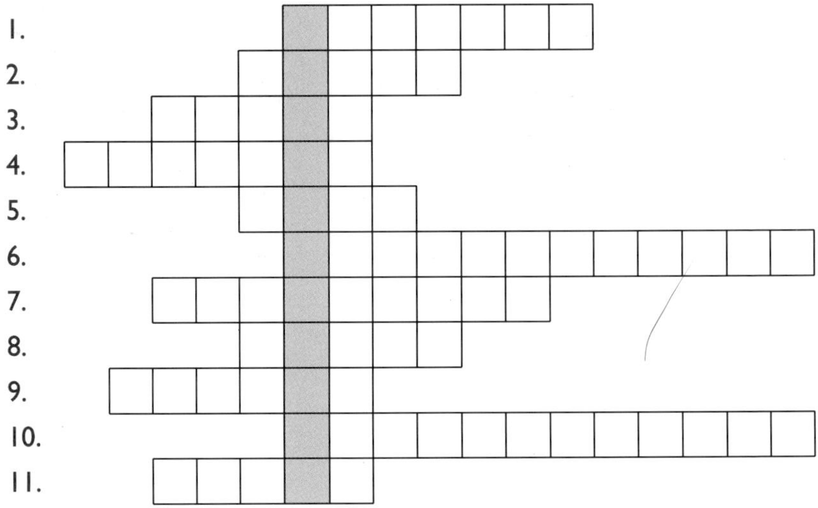

1. El hombre que reparte el correo.
2. Esto se pega al sobre.
3. Se mete una carta dentro de esto.
4. Una cosa más grande que una carta.
5. Tipo de talón que se emite en una oficina de Correos.
6. Máquina para franquear.
7. La persona que envía una carta.
8. Meter la carta en el buzón.
9. Mandar.
10. La persona a quien se envía una carta.
11. Recipiente para las cartas.

Se envía una carta de esta manera para tener justificación de envío y de entrega.

en Correos

general

1. Cuatro sellos para España y diez para Inglaterra.
2. Quiero enviar/mandar este paquete por correo regular/normal y éste por correo urgente/exprés.
3. Quiero enviar esta carta certificada.
4. Necesito mandar esta carta con un giro por 170€.
5. ¿Tienen sobres acolchados?
6. Acabo de comprar una casa de campo en este municipio/pueblo y me gustaría/quiero alquilar un apartado postal aquí.
7. Voy a estar (estaré) fuera hasta el próximo mes/el mes que viene. ¿Ustedes pueden retenerme/guardarme el correo mientras no estoy?
8. ¿Quiere pesarme este paquete y decirme cuánto costaría/valdría enviarlo a Australia?
9. Mandé una carta certificada al extranjero hace un mes, pero no la han recibido todavía. Esto es el justificante de envío / el resguardo de envío. ¿Pueden/Podrían ustedes investigármelo?
10. ¿Cuánto vale/cuesta un sello para un sobre de este tamaño y peso?
11. Volví de viaje ayer y vengo a recoger el correo que ustedes me retenían.
12. ¿Cuánto (tiempo) tarda en llegar a Madrid una carta por correo normal o correo urgente/exprés?
13. ¿Cuál es la diferencia de precio entre los dos modos/las dos maneras/formas de enviar?

14. Nosotros recibimos el correo sólo/solamente dos días por semana, ¿es correcto esto?
15. Le(s) quiero informar/avisar que el cartero ha echado algunas cartas nuestras en el buzón de un vecino.

Conversación 1

Ana Belén: Buenos días. El cartero dejó esta nota de entrega en mi buzón ayer y entonces vengo a recoger el paquete.

El empleado: Vale. Voy a cogérselo. Aquí tiene. ¿Quiere firmar aquí por favor y escribir la fecha de hoy? Tiene que pagar contra reembolso que son 51,28€.

Ana Belén: Gracias. Adiós.

Conversación 2

Emilio: Hola. Quiero enviar/mandar este paquete por correo certificado.

El empleado: ¿Quiere rellenar esto, por favor? Le daré la parte de abajo como justificante de envío.

Emilio: Gracias. También vengo a recoger una carta certificada.

El empleado: Por favor, escriba el número de identificación (el NIF) / el número de pasaporte aquí y firme y ponga la fecha de hoy.

Emilio: Gracias. Hasta la próxima/Hasta la vista.

at the bank

Simple phrase match

1. To open an account.
2. Do I sign here?
3. To withdraw money.
4. To pay in a cheque.
5. Do you charge a commission?
6. May I see the manager?
7. I need a new cheque book.
8. The cash point is not working.
9. I don't understand the statement.
10. There's a mistake here.

a. ¿Firmo aquí?
b. El cajero automático no funciona.
c. No entiendo el extracto.
d. Sacar dinero.
e. ¿Puedo ver al director?
f. Abrir una cuenta.
g. ¿Cobran ustedes (alguna) comisión?
h. Hay un error aquí.
i. Necesito un talonario nuevo.
j. Ingresar un cheque.

Translate:-

general

1. I want to pay in 1,000€ and these three cheques into this account.
2. I want to make a transfer to England; here are the details of the beneficiary.
3. I want to pay my rates to the town hall by standing order.
4. I want to open a current account with a cheque book and debit card and also to open a savings account with savings book.
5. I need to withdraw 6,000€ from this account.
6. What is the exchange rate today to buy sterling?
7. Will you give me a statement?
8. I want to order some American dollars for next week.
9. Could I ask you for a small loan until Christmas?
10. I would like some advice about investing some money.
11. What is the balance of my account?
12. This entry on my statement isn't correct.
13. You did not inform me of these charges.
14. What is the interest rate?
15. I would like to transfer some money from this account to my other account.

Conversation 1

Customer: I am interested in opening an account here. Will you explain to me a little about how the different accounts operate and which one would suit my circumstances? I have a fairly large sum to invest.

Bank clerk: With pleasure, madam. I will talk you through them and point out the advantages and disadvantages of each one and then you can decide.

Customer: *(Once the clerk has finished speaking):* You've explained everything very clearly. I think that the last account that you mentioned would suit me best. Here are all my particulars.

Conversation 2

Customer: I would like to cancel the standing order that I have with this insurance company, as from the first of next month. Also, I've come to pay this electricity bill.

Bank clerk: I'm sorry sir, we no longer handle payments to the electricity company, but you can make the payment in the bank next door.

Customer: OK, I'll go and pay it there.

Bank clerk: There you are, sir, the standing order is now cancelled.

Customer: Thank you. See you soon.

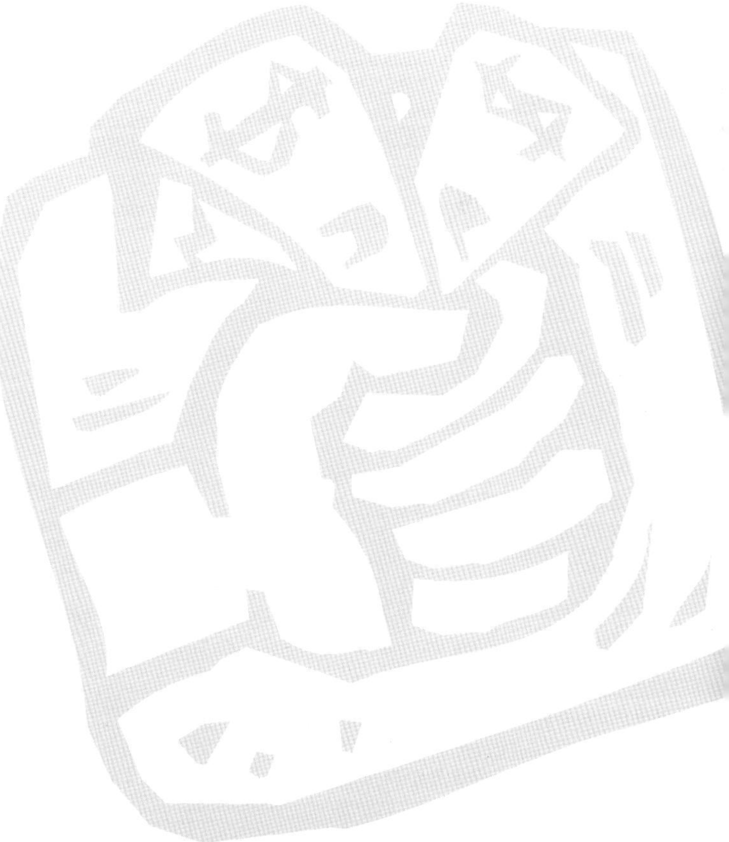

Quiz

1.
2.
3.
4.
5.
6.
7.
8.
9.
10.
11.
12.
13.

1. Lo contrario de creditar.
2. Un depósito.
3. Una pieza de dinero metálico.
4. Préstamo bancario para comprar una casa.
5. Tipo de cuenta.
6. Depositar fondos.
7. La cantidad actual que está en su cuenta.
8. Saca de dinero.
9. Se puede usar esto para pagar algo a crédito.
10. La hay de tipo corriente o de ahorros.
11. En esto se registran los movimientos de la cuenta.
12. Tipo de cuenta.
13. Libreta de talones.

Un pago automático a intervalos regulares.

en el banco

general

1. Quiero ingresar 1,000€ y estos tres talones/cheques a esta cuenta.
2. Quiero hacer una transferencia a Inglaterra, aquí están los datos del beneficiario.
3. Quiero domiciliar los pagos de los impuestos/las contribuciones al ayuntamiento.
4. Quiero abrir una cuenta corriente con talonario y tarjeta de débito y también una cuenta de ahorros con libreta.
5. Necesito sacar 6,000€ de esta cuenta.
6. ¿Cuánto es el cambio hoy para comprar la libra esterlina?
7. ¿Me quiere dar un extracto?
8. Quiero encargar/pedir algunos dólares americanos para la semana que viene.
9. ¿Podría pedirles un pequeño préstamo hasta Navidades?
10. Quiero algún consejo sobre invertir algún dinero/inversión de fondos.
11. ¿Cuál es el saldo de mi cuenta?
12. Esta anotación en el extracto no es correcta.
13. Ustedes no me informaron/avisaron de estos cargos.
14. ¿Cuál es el tipo de interés?
15. Quiero traspasar un/algún/algo de dinero de esta cuenta a mi otra cuenta.

Conversación 1

La cliente: Me interesa abrir una cuenta aquí. ¿Quiere explicarme un poco sobre el funcionamiento de las distintas cuentas y cuál (con)vendría bien a mi situación económica? Tengo una cantidad (de dinero) bastante grande para invertir.

El empleado de banco: Con mucho gusto, señora. Se las explicaré todas y señalaré las ventajas y las desventajas de cada una y entonces/luego puede/podrá decidir.

La cliente: *(Cuando el empleado ha terminado de hablar)*: Usted ha explicado todo muy claro. Yo creo que la última cuenta que ha mencionado me convendría mejor. Aquí están todos mis datos.

Conversación 2

El cliente: Quiero anular/cancelar la domiciliación que tengo con esta compañía de seguros, a partir del/desde el primero del mes que viene/del próximo mes. Vengo también a pagar esta factura de la luz/electricidad.

El empleado de banco: Lo siento señor, ya no nos encargamos de los pagos a la compañía eléctrica pero usted puede realizar el pago en el banco de al lado.

El cliente: Vale, voy a pagarlo ahí.

El empleado de banco: Ahí tiene, señor, la domiciliación ya está anulada/cancelada.

El cliente: Gracias. Hasta pronto/Hasta la próxima.

at the hairdresser's

chapter seventeen

Simple phrase match

1. A haircut.
2. To shampoo and set.
3. Longer on top.
4. I don't want a fringe.
5. I like large curlers.
6. Number two with the clippers.
7. A dandruff shampoo.
8. You have cut it well.
9. It looks nice.
10. The perm has not taken.

a. Más largo por encima.
b. La permanente no ha cogido.
c. Un champú anticaspa.
d. No quiero flequillo.
e. Con la maquinilla, número dos.
f. Lavar y marcar.
g. Me gustan los rulos grandes.
h. Queda bien.
i. Un corte de pelo.
j. (Me) lo ha cortado bien.

Translate:-

general

1. I have an appointment for a haircut/trim.
2. Will you just give it a trim? / Will you just trim the ends?
3. I have split ends.
4. I'd like it layered.
5. I leave it to dry naturally.
6. I have dry hair / greasy hair / permed hair.
7. I want a fringe / sideburns / a parting.
8. I want to colour/dye my hair / I want highlights / I want lowlights.
9. Can you perm my hair like the girl has it in this photo?
10. I like it shorter at the back / on top.
11. Can you use clippers, please?
12. I'd like a product that gives body and shine to my hair.
13. Could you straighten my hair?
14. I like curly / wavy hair.
15. She likes her hair in plaits/plaited.

Conversation 1

Customer: Can you cut my hair? I don't have an appointment.

Hairdresser: If you'd like to wait twenty minutes I can cut it after finishing with this gentleman.

Customer: OK, thank you.

Hairdresser: Shall I wash it for you first?

Customer: No, there's no need thanks. Just a cut, nice and short.

Conversation 2

Customer: Hello. I have an appointment at quarter to six. My name is Sarah.

Hairdresser: OK, would you like to take a seat over there and the girl will shampoo your hair?

Girl: *(After washing the hair):* Would you like some conditioner?

Customer: Yes please, conditioner for normal hair.

Hairdresser: How would you like it, madam?

Customer: Well, I want to let my hair grow down to my shoulders and let the layers grow out. So, could you just trim the ends?

Hairdresser: Yes, I'll just cut off the minimum.

Quiz

1.
2.
3.
4.
5.
6.
7.
8.
9.
10.

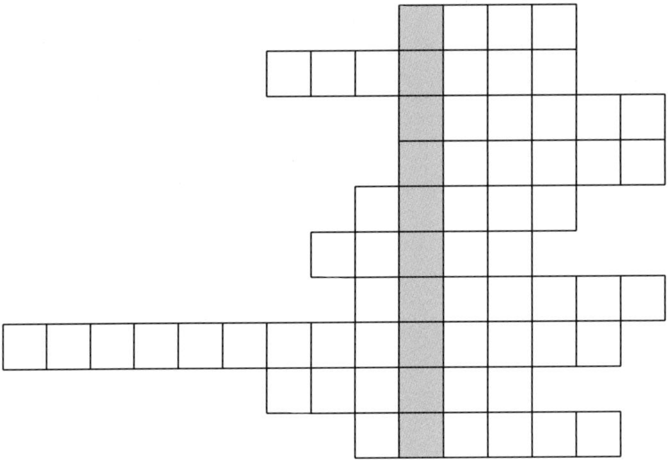

1. Esto se puede cortar, lavar, marcar o secar.
2. Otro nombre para el número 1.
3. Después de una permanente el pelo queda así.
4. Poner el pelo en rulos, con fijador.
5. Limpiar el pelo con agua y champú.
6. Producto para teñir el pelo.
7. Aparato para secar el pelo.
8. Suavizante.
9. Hacer más corto.
10. Reflejos.

Esto se necesita para rizar el pelo, de manera permanente.

en la peluquería

general

1. Tengo cita para cortarme el pelo.
2. ¿Quiere cortármelo sólo un poco? / ¿Quiere cortarme sólo las puntas?
3. Tengo las puntas abiertas.
4. Lo quiero a capas.
5. Lo dejo secar al aire.
6. Tengo el pelo seco / graso / permanentado.
7. Quiero flequillo / patillas / raya.
8. Quiero teñirme el pelo / Quiero mechas / Quiero mechas oscuras.
9. ¿Puede/Podría hacerme una permanente como la tiene la chica en esta foto?
10. Me gusta más corto por (la parte de) atrás / encima.
11. ¿Puede usar la maquinilla, por favor?
12. Quiero algún producto que dé volumen y brillo a mi cabello.
13. ¿Podría alisar mi pelo/cabello?
14. Me gusta el pelo rizado / ondulado.
15. (A ella) le gusta el pelo en trenzas/trenzado.

Conversación 1

El cliente: ¿Puede cortarme el pelo? No tengo cita.

El peluquero: Si quiere esperar veinte minutos se lo puedo cortar después de terminar con este señor.

El cliente: Vale, gracias.

El peluquero: ¿Se lo lavo primero?

El cliente: No, no hace falta. Sólo cortármelo, bien cortito.

Conversación 2

La cliente: Hola. Tengo (una) cita a las seis menos cuarto. Me llamo Sara.

El peluquero: Bueno, ¿quiere sentarse allí y la chica le lavará el pelo? La chica: *(Después de lavar el pelo):* ¿Quiere acondicionador/suavizante/mascarilla?

La cliente: Sí, acondicionador para cabello normal.

El peluquero: ¿Cómo lo quiere, señora?

La cliente: Pues, quiero dejarme crecer el pelo hasta los hombros y dejar crecer las capas. Así que/Entonces, quiero que me corten sólo las puntas.

La cliente: Vale. Le cortaré sólo lo mínimo.

buying a car

Simple phrase match

1. Is it very economical?
2. It's in fair condition.
3. What engine does it have?
4. It is petrol / diesel.
5. It is a bargain.
6. Would you like to take it for a test drive?
7. The MOT expires this month.
8. It runs very well.
9. The handling is good / bad.
10. It's not what I am looking for.

a. La conducción es buena / mala.
b. Es gasolina / diesel.
c. La ITV caduca este mes.
d. ¿Qué motor tiene?
e. ¿Es muy económico?
f. No es lo que busco.
g. Es una ganga.
h. ¿Quiere probarlo en carretera?
i. La condición está bastante buena.
j. Anda muy bien.

Translate:-

general

1. I'm looking for a new car / a second-hand car.
2. It's in very good condition / It's immaculate.
3. It has done very low mileage.
4. It has a petrol / diesel engine and it is very economical.
5. What is the fuel consumption?
6. Can I take it for a test drive?
7. These come as standard and these are optional extras.
8. I'm interested in buying this car. Would you be interested in taking my car as a part exchange?
9. How much can you offer me for my car? / Can we do a deal?
10. I'll pay cash / I want to buy it on hire-purchase.
11. We offer easy terms.
12. We will include a full tank of fuel and the documentation put into your name.
13. The log book/documentation will be ready in five or six week's time.
14. It has an MOT until November.
15. The road tax is paid annually. The bill/payment advice is sent through the post.

Conversation 1

Marcos: Hello. I'm looking for a small car like this one but with lower mileage. Do you have anything?

Salesman: Well, we have that one over there which is three years old and has done only 9,000km. It's in perfect condition as it belonged to an elderly gentleman and he hardly took it out of the garage.

Marcos: Yes, I like it very much, although I don't really want to spend so much money. However, can I take it for a test drive?

Salesman: Yes sir, of course. I'll go and get the keys for you.

Marcos: *(Twenty minutes later):* How much could you offer me for my car?

Salesman: Well, let's go inside and we'll have a look. What figure did you have in mind?
Marcos: Well, about 6,500€.
Salesman: Give me a second. What do you think of these figures?
Marcos: *(They shake hands):* Very interesting. I think that we can do a deal.

insuring the car

1. How much is the insurance / the premium?
2. I want/would like fully-comprehensive insurance / third party insurance.
3. I made a claim on my insurance.
4. It wasn't my fault / I wasn't at fault.
5. The brakes were to blame.
6. He was at fault / The other driver was at fault.
7. I haven't received my green card / insurance certificate.
8. Can I pay in instalments?
9. It is a high risk group.
10. The car wasn't insured.
11. I'd like to take out insurance with this company.
12. They are not going to indemnify/pay out.
13. What does this insurance cover?
14. Can I include / add another driver?
15. Can my wife / husband drive the vehicle as well?

Conversation 1

Mr. Palmer: Good afternoon. I'm calling (you) to see if there is any news on my claim. It's just that it has been weeks now.
Employee: Ah yes, Mr. Palmer! The claim has been settled and there is a cheque in the post, we sent it to you yesterday.
Mr. Palmer: At last! Thank you very much, madam.

Quiz

1.
2.
3.
4.
5.
6.
7.
8.
9.

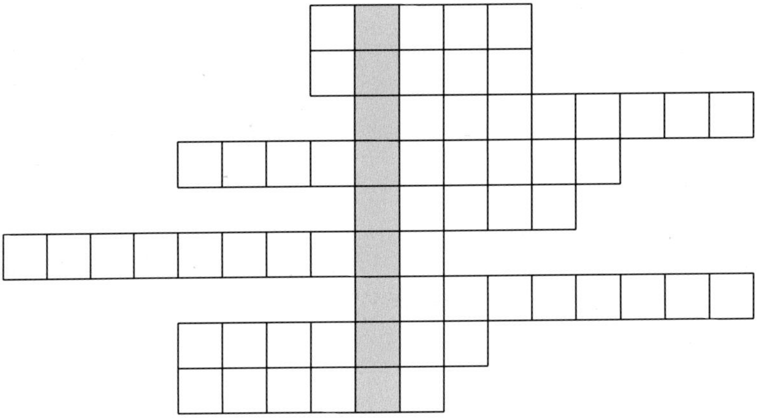

1. Nombre distintivo que identifica el fabricante del vehículo.
2. Un coche para estrenar.
3. El nombre colectivo para la tela de los asientos.
4. La estructura external metálica de un coche.
5. Esto puede ser de varias cilindradas.
6. Área interior donde se exponen los vehículos.
7. Esto relaciona lentidud con rapidez.
8. Referente a un vehículo usado.
9. El tipo/nombre de coche que se fabrica.

Coche

comprar un coche

general

1. Busco un coche nuevo / un coche de ocasión/usado/de segunda mano.
2. Está en muy buen estado/en muy buenas condiciones / ésta impecable.
3. Tiene muy pocos kilómetros.
4. Tiene un motor gasolina / diesel y es muy económico.
5. ¿Cuánto es el consumo de combustible?/¿Cuántos litros gasta por cada 100km?
6. ¿Lo puedo probar en carretera?
7. Estos son de serie y estos son extras.
8. Me interesa comprar este coche. ¿Les interesaría mi coche como parte del pago?
9. ¿Cuánto me pueden ofrecer por mi coche? / ¿Podemos hacer un trato?
10. Pago/Pagaré al contado/en efectivo. Quiero comprarlo a plazos.
11. Nosotros ofrecemos facilidades de pago.
12. Incluiremos un depósito lleno de combustible y la transferencia de documentación a su nombre.
13. La documentación de circulación estará preparada dentro de cinco o seis semanas.
14. La ITV (Inspección Técnica de Vehículos) está válida hasta noviembre.
15. El impuesto de circulación se paga cada año. El recibo de pago se envía/se manda por correo.

Conversación 1

Marcos: Hola. Busco/Estoy buscando un coche pequeño como éste pero con menos kilometraje. ¿Tiene(n) algo?

El vendedor: Pues, tenemos aquél que tiene tres años y ha hecho sólo/solamente 9.000km. Está en perfectas condiciones/perfecto estado como era de un señor mayor y él apenas lo sacaba del garaje.

Marcos: Sí, me gusta mucho, aunque realmente no quiero gastar tanto dinero. Sin embargo, ¿lo puedo probar en carretera?

El vendedor: Sí señor, desde luego/claro/por supuesto. Voy a cogerle las llaves.

Marcos: *(Veinte minutos más tarde):* ¿Cuánto me podría(n) ofrecer por mi coche?

El vendedor: Pues, pasemos para dentro y lo miramos. ¿Qué cifra tenía usted en mente?

Marcos: Pues, unos 6,500€.

El vendedor: Déjeme un segundo. ¿Qué le parecen estas cifras?

Marcos: Se estrechan/Se dan la mano. Muy interesantes. Yo creo que podemos hacer un trato.

asegurar el coche

1. ¿Cuánto vale el seguro / la prima?
2. Quiero el seguro a todo riesgo / el seguro a terceros.
3. Reclamé al seguro/Hice una reclamación al seguro.
4. No fue culpa mía/Yo no tenía la culpa.
5. La culpa fue de los frenos.
6. La culpa fue suya/La culpa fue del otro conductor.
7. No he recibido la tarjeta verde / el certificado de seguro.
8. ¿Puedo pagar a plazos?
9. Es un grupo de alto riesgo.
10. El coche no estaba asegurado.

11. Quiero hacerme un seguro con esta compañía/aseguradora.
12. No van a indemnizar.
13. ¿Qué cosas cubre este seguro?
14. ¿Puedo incluir / añadir a otro conductor?
15. ¿Puede conducir el vehículo mi mujer / marido también?

Conversación 1

El señor Palmer: Buenas tardes. (Les) llamo para ver si hay alguna noticia sobre mi reclamación. Es que han sido semanas ya.

La empleada: ¡Ah sí, señor Palmer! Se ha acordado la reclamación y hay un cheque/un talón en el correo, se lo enviamos/mandamos ayer.

El señor Palmer: ¡Por fin! Muchas gracias, señora.

renting property

Simple phrase match

1. The rental is high / low.
2. I like it very much.
3. I prefer the other house.
4. What does it include?
5. Is it near shops and schools?
6. It is well equipped.
7. The contract is for eleven months.
8. Is it vacant now?
9. What outlay is there?
10. I don't like the area / district.

a. ¿Qué incluye?
b. ¿Está desocupado ahora?
c. Me gusta mucho.
d. Está bien equipado.
e. No me gusta la zona / el barrio.
f. El alquiler es alto / bajo.
g. El contrato es para once meses.
h. Prefiero la otra casa.
i. ¿Qué gastos hay?
j. ¿Está cerca de las tiendas y los colegios?

Translate:-

general

1. I'm looking for a house / apartment / flat to rent short-term / long-term.
2. How much is the rental?
3. The electricity and heating bills are paid separately.
4. Is it a furnished flat? / Is it an unfurnished flat?
5. How much deposit do I have to pay in advance?
6. How much notice do I have to give you if I wish to vacate the house?
7. I agree with/I accept the conditions of the contract.
8. Is everything in order?
9. When can I move in?
10. Is it the responsibility of the owner or the tenant?
11. Can we carry out/make alterations to the house?
12. Will the rent be fixed?
13. We are not happy with this clause.
14. Will the contract be renewable?
15. On which day of the month is the rent due?

Conversation I

Mr. Phillips: Good morning. We are looking for a house to rent, for my wife and I and our three children. We like this area very much although we don't know the city very well. I will be starting work in the city centre in two months time. We'd like/We're interested in a house that is well-located for getting to schools and also for me, to be able to commute/travel easily from home to the office.

Estate agent: OK sir. Well, we can show you a selection of houses both in this area and in other areas. Do you have any other particular requirements, such as the number of bedrooms?

Mr. Phillips: Yes. The house must have four bedrooms, preferably five. Another thing which is very important is to have an area in which the children can play; a garden would be the ideal thing but if not, a paved area/yard.

Estate agent: OK. Well, today we can see three or four houses, let's see if you like/are interested in any of them, does that sound alright to you?

Mr. Phillips: Yes, wonderful.

Quiz

1.
2.
3.
4.
5.
6.
7.
8.

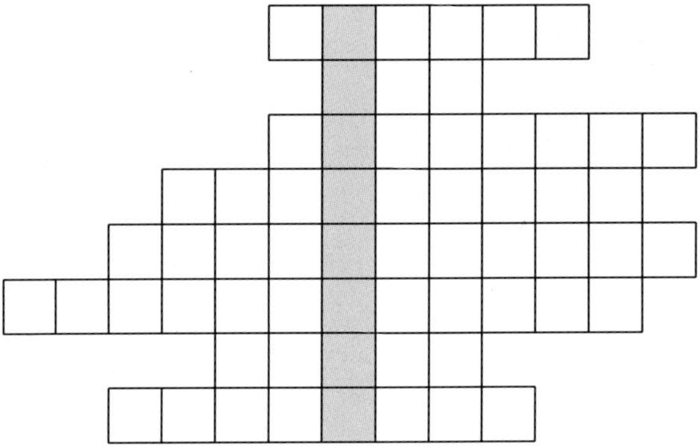

1. Se tienen que pagar estos en respecto a la electricidad, la comunidad, etc…
2. La electricidad.
3. Si la casa tiene de todo, está bien _ _ _ _ _ _ _ _ _.
4. La persona que paga el alquiler.
5. Dueño.
6. A menudo se alquila una casa a través de esta agencia.
7. Propietario.
8. El acuerdo que se prepara entre el propietario y el inquilino.

El pago regular al propietario.

alquilar una casa

general

1. Busco una casa / un apartamento / un piso para alquilar a plazo corto / a plazo largo.
2. ¿Cuánto es el alquiler?
3. Los gastos de luz/electricidad y calefacción se pagan aparte/por separado.
4. ¿Es un piso amueblado? / ¿Es un piso sin amueblar?
5. ¿Cuánto (dinero) de depósito/señal tengo que pagar por adelantado?
6. ¿Con cuánto tiempo de antelación le tengo que avisar si quiero desocupar la casa?
7. Estoy de acuerdo con/Me conformo con/Acepto las condiciones del contrato.
8. ¿Está todo conforme?
9. ¿Cuándo me puedo mudar/instalar?
10. ¿Es la responsabilidad del dueño o del inquilino?
11. ¿Podemos realizar/hacer modificaciones a la casa?
12. Estará a precio fijo el alquiler?
13. No estamos contentos con esta cláusula.
14. ¿Será renovable el contrato?
15. ¿En qué día del mes vence el alquiler?

Conversación 1

El señor Phillips: Buenos días. Nosotros estamos buscando/Buscamos una casa para alquilar. Somos mi mujer y yo y los/nuestros tres hijos. Nos gusta mucho esta zona aunque no conocemos muy bien la ciudad. Yo empezaré/comenzaré a trabajar en el centro de la ciudad dentro de dos meses. Nos interesa/Queremos una casa que esté bien situada para ir a los colegios y también para mí, poder viajar fácilmente de casa a la oficina.

El agente: Muy bien, señor. Pues, nosotros les podemos enseñar/ mostrar una selección/un surtido de casas tanto en esta zona como en otras zonas. ¿Tienen ustedes algún otro requisito en particular, como el número de dormitorios?

El señor Phillips: Sí. La casa debe tener cuatro dormitorios, preferiblemente cinco. Otra cosa que es muy importante es tener una zona en donde pueden jugar los niños, un jardín sería lo ideal pero si no, un patio.

El agente: De acuerdo. Bueno, hoy podemos ver tres o cuatro casas, a ver si les gusta/interesa alguna, ¿les parece bien?

El señor Phillips: Sí, estupendo.

pets & vets

Simple phrase match

1. We want a small dog.
2. It is a mongrel.
3. I don't know what breed it is.
4. It needs its vaccinations.
5. Which food do we buy?
6. When can I take it home?
7. Is it a male or a female?
8. She is pregnant.
9. It is a large litter.
10. Are they weaned?

a. ¿Cuándo puedo llevármelo a casa?
b. Está preñada.
c. No sé qué raza es.
d. Es una camada grande.
e. Queremos un perro pequeño.
f. ¿Están destetados?
g. Necesita sus vacunaciones.
h. Es un mestizo.
i. ¿Es macho o hembra?
j. ¿Qué comida compramos?

Translate:-

general

1. I'm looking for a puppy / kitten. There are two breeds that I'm interested in, do you know of a breeder?
2. My dog eats a varied diet of fresh meat, tinned meat, bones and ready-prepared complete meals, is this recommendable? Are these toys and treats suitable?
3. Has the dog / bitch had all the necessary vaccinations and does it have a chip?
4. When will I receive the pedigree?
5. What type of food and what feeding pattern do you recommend?
6. Which grooming products / shampoo / flea and tick treatment do you have?
7. He is not eating and is very lethargic / she is vomiting and has diarrhoea.
8. There is a rash on her skin and she is scratching a lot.
9. I need some artificial eggs for my canaries / budgerigars / finches.
10. What bird seed do you have?
11. I need cat litter and sawdust for the hamster.
12. How much is that kennel / rabbit-hutch / bird cage / cat basket / aquarium / fish-tank?
13. I would like my pet sterilized / I would like some advice on breeding my dogs.
14. We found this mongrel puppy who doesn't look to be in a good way. Could you check him over?
15. Where is the animal rescue centre?

Conversation 1

Mrs. Miralles: Would the vet be able to see/examine my dog now, please? I'm sorry but I don't have an appointment. He hasn't been at all well over the last two or three hours.

Receptionist: Yes, Mrs. Miralles. Wait just a moment while I explain it to the vet. *(One minute later):* Please come in Mrs. Miralles and he will attend to you straight away.

Vet: *(After a brief examination):* I suspect that he has swallowed something, possibly a ball or a toy. Don't worry, madam. Would you like to take a seat in the waiting room and we'll talk further afterwards?

Mrs. Miralles: Are you sure that he'll be alright?

Vet: Yes madam, please don't worry.

Quiz

1.
2.
3.
4.
5.
6.
7.

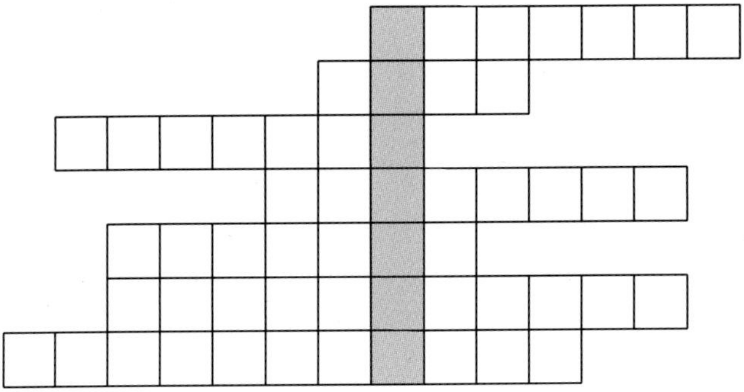

1. Un perro cruzado.
2. Clase de animal de distinto tipo.
3. Chucherías.
4. Un perro pequeño y joven.
5. Comidas completas que se compran en bolsas.
6. La persona que adiestra a tu perro.
7. Un médico de animales.

Otro nombre para un animal doméstico.

los animales domésticos y el veterinario

general

1. Busco un cachorro / gatito. Hay dos razas que me interesan, ¿conoce usted a algún criador?
2. Mi perro come una dieta variada de carne fresca, carne de lata, huesos y piensos ¿es recomendable esto? ¿Son estos juguetes y chucherías/bocados adecuados?
3. ¿Ha tenido el macho / la hembra todas las vacunaciones necesarias y tiene un chip?
4. ¿Cuándo recibiré el pedigrí?
5. ¿Qué tipo de comida y qué hábitos alimenticios recomienda usted?
6. ¿Qué productos de acicalamiento / champú / tratamiento contra las pulgas y las garrapatas tienen?
7. (Él) no come y está muy letárgico / (Ella) vomita y tiene diarrea.
8. Tiene una erupción/un sarpullido en la piel y se rasca mucho.
9. Necesito unos huevos artificiales para mis canarios / periquitos / pinzones.
10. ¿Qué alpiste tienen?
11. Necesito arena higiénica para gatos y serrín para el hámster.
12. ¿Cuánto vale esa caseta de perro / la conejera / jaula de periquitos / acuario?
13. Quiero que esterilicen a mi animal. Quiero algún consejo sobre criar mis perros.

14. Encontramos este cachorro que parece enfermo mestizo que parece enfermo. ¿Quiere usted examinarlo?
15. ¿Dónde esta el centro de acogida para animales?

Conversación 1

La señora Miralles: ¿Podría el veterinario ver/examinar a mi perro ahora, por favor? Lo siento pero no tengo cita. Hace dos o tres horas que no está nada bien/No está nada bien desde hace dos o tres horas.

La recepcionista: Sí, señora Miralles. Espere usted un momentito que se lo explico al veterinario. *(Un minuto después):* Pase por favor, señora Miralles y le atenderá en seguida.

El veterinario: *(Después de un breve reconocimiento):* Yo sospecho que ha tragado algo, posiblemente una pelota o un juguete. No se preocupe, señora. ¿Quiere sentarse en la sala de espera y hablamos más después?

La señora Miralles: ¿Está (usted) seguro de que estará bien?

El veterinario: Sí (sí) señora, por favor, tranquilícese.

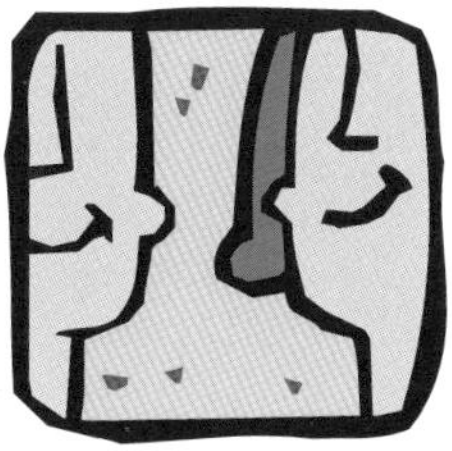

likes & dislikes

Simple phrase match

1. We don't like it.
2. What do they like?
3. I like it but he doesn't.
4. Which ones do you like?
5. Why do you like it so much?
6. I like the other one more.
7. We like living here.
8. Does she like working there?
9. I don't like the style very much.
10. They don't like the pattern.

a. Nos gusta vivir aquí.
b. ¿Cuáles le gustan?
c. No nos gusta.
d. ¿(A ella) le gusta trabajar ahí?
e. Me gusta más el otro.
f. ¿(A ellos) qué les gusta?
g. ¿Por qué le gusta tanto?
h. No les gusta el diseño.
i. A mí me gusta pero a él no.
j. No me gusta mucho la forma.

Translate:-

general

1. I quite like it.
2. Do you think that she'll like it?
3. He didn't like that film.
4. He didn't like having to get up every morning at five o'clock.
5. We liked the food yesterday very much.
6. We loved the food there, it was always so varied.
7. I enjoy the journey more when you drive, Julio.
8. I prefer to travel by train.
9. I prefer to do it this way.
10. Does she like her job?
11. Have you enjoyed the concert, Santiago?
12. Have you all enjoyed the party?
13. They are going to love the parade.
14. I know that you will really like it, Clara.
15. Doesn't he like his boss?

Conversation 1

Amparo: Do you like this?

Cristina: No, I don't like it (at all), do you?

Amparo: Yes, I do (very much), but I don't like those.

Cristina: No, neither do I / No, I don't like them either.

Amparo: I like these pictures/paintings, but I don't know which one I like more, what do you think? Which one do you prefer?

Cristina: I prefer this one, the smaller one.

Amparo: Well, in that case, I'll buy the smaller one.

Cristina: Hey, do you want to go to the art exhibition? Do you fancy going this evening?

Amparo: Um no, I don't want to go. It doesn't interest me much/It doesn't interest me at all / I don't feel like it/I don't feel like going today. Do you know what I'd like to do? Go dancing, do you fancy it? It's just that I would prefer to go with you to the exhibition hall one day mid-week; there will be fewer people. What do you think?

Cristina: Yes, you're right. Besides, it's ages since we've been to the Galaxy Discotheque. Let's go straight home, I'm dying to christen my evening outfit that I bought the other day!

Quiz

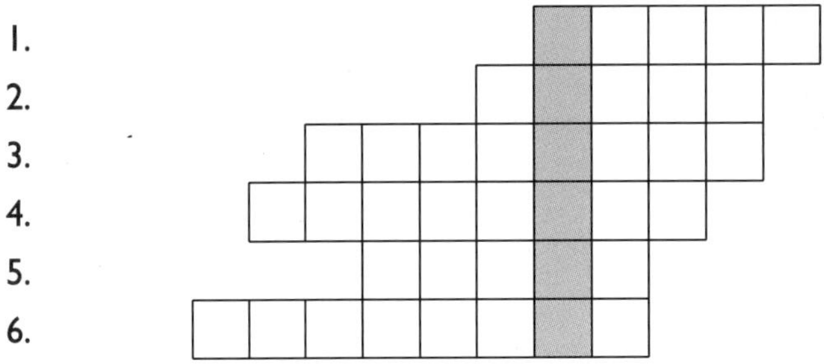

1. Un placer.
2. Lo contrario de poco.
3. Odiar.
4. Gustar muchísimo.
5. Detestar.
6. Me gusta más.

Agradar.

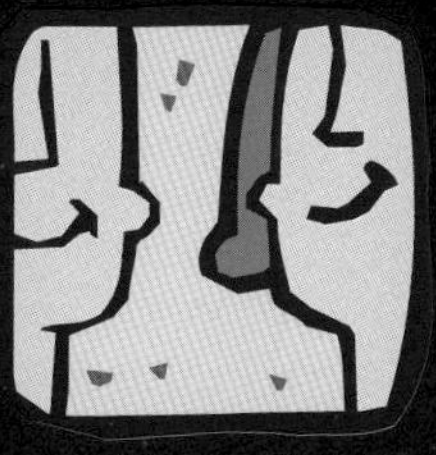

cosas que gustan y cosas que no

general

1. Me gusta bastante.
2. ¿Cree que le gustará (a ella)?
3. (A él) no le gustó esa película.
4. (A él) no le gustaba tener que levantarse todas las mañanas a las cinco.
5. Nos gustó mucho la comida ayer.
6. Nos encantaba la comida allí, era siempre tan diversa/variada.
7. Me gusta más/Disfruto más el viaje cuando conduces tú, Julio.
8. Prefiero viajar en tren.
9. Prefiero hacerlo así/de esta manera.
10. ¿(A ella) le gusta su trabajo?
11. ¿Te ha gustado el concierto, Santiago?
12. ¿Os ha gustado (a todos) la fiesta?
13. (A ellos) les va a encantar el desfile.
14. Sé que te gustará mucho, Clara.
15. ¿(A él) no le gusta su jefe?

Conversación 1

Amparo: ¿Te gusta esto?

Cristina: No, no me gusta (nada). ¿y a ti?

Amparo: Sí, a mí sí (mucho), pero no me gustan esos.

Cristina: No, a mí tampoco (me gustan).

Amparo: Estos cuadros me gustan, pero no sé cuál me gusta más, ¿qué te parece a ti? ¿Cuál prefieres?/¿Cuál te gusta más?/¿Qué cuadro te gusta más?

Cristina: Yo prefiero éste/A mí me gusta más éste, el más pequeño.

Amparo: Pues entonces, compraré el más pequeño.

Cristina: Oye, ¿quieres ir a la exposición de arte? ¿te apetece ir esta tarde?

Amparo: Pues no, no quiero ir. No me interesa mucho/No me interesa nada / No tengo ganas/No tengo ganas de ir hoy. ¿Sabes lo que me gustaría hacer? Ir a bailar, ¿te apetece a ti? Es que yo preferiría acompañarte a la sala de exposiciones un día entre semana, habrá menos gente. ¿Qué te parece?

Cristina: Sí, tienes razón. Además, hace mucho que no vamos a la Discoteca Galaxia. Vamos directamente a casa, ¡(que) tengo muchas ganas de estrenar mi traje de noche que me compré el otro día!

social conversation

When talking about meeting someone in Spanish it isn't quite as straightforward as in English. For arranged meetings we use the verbs **verse**, **quedar** and **citarse**. To say that you are going to collect/pick someone up we use **ir a buscar** and **ir a recoger**. To meet someone by chance/bump into someone we use **encontrar(se) con** and **tropezarse con**. To meet someone for the first time/to get to know someone we use **conocer** and lastly, to be introduced to someone the verb **presentar** is required.

Simple phrase match

1. I bumped into Olivia this afternoon.
2. When did you first meet each other?
3. I'll meet you there at ten fifteen.
4. Shall we meet in the usual place?
5. Where shall I see you?
6. We met four years ago.
7. They met in Madrid many years ago.
8. I've just seen Bernardo in the supermarket.
9. Shall we make it later?
10. I'll see you here after lunch.

a. Quedamos ahí a las diez y cuarto.
b. Nos conocimos hace cuatro años.
c. ¿Dónde nos vemos?
d. Me he encontrado con Olivia esta tarde.
e. ¿Quedamos para más tarde?
f. Acabo de encontrarme con Bernardo en el supermercado.
g. ¿Quedamos en el sitio de siempre?
h. Nos vemos aquí después de comer.
i. ¿Cuándo os conocisteis (por primera vez)?
j. (Ellos) se conocieron en Madrid hace muchos años.

Translate:-

general

1. Marta, can we meet somewhere else?
2. I can't see you now, I have to study.
3. I bumped into José the other day; I've not seen him for years.
4. We'll get together one day next week.
5. Do you mind if we sit down, girls?
6. Let's make it the week after next.
7. I'll see you at ten thirty at the bus stop outside the town hall.
8. I met her parents yesterday, they are very nice.
9. It seems like only yesterday that we met.
10. We had never met before.
11. Lidia, I'd like to introduce you to my brother / sister.
12. Mum, dad, I'd like to introduce you to my girlfriend / boyfriend.
13. Mr. Soriano, I'd like to introduce you to my wife / husband.
14. We made a date for the following Sunday.
15. They arranged to meet/made an appointment at quarter past three.

The following conversations are all in informal speech.

Conversation 1

Ignacio: Hi Marta, it's Ignacio. How are you?

Marta: Hi Ignacio. I'm fine. I was going to call you to see if you wanted to go to the cinema this evening. Do you want to?

Ignacio: What a coincidence! That's why I'm phoning you. Shall we meet in the Igloo Ice-cream Café at half-past seven and then go to the cinema?

Marta: Great!/Terrific! See you later, Ignacio.

Conversation 2

Diego and Salvador: Hi lads, how are you?

Julio and Arturo: Fine. Where are you going?/Where are you off to?

Diego: Home, to shower and change. We're going to the stadium later to see the match; do you want to come as well?

Arturo: Yes, we don't have any other plans. What time shall we meet?

Salvador: Err… At seven o'clock in front of the bus station, OK?

Julio: Great. See you later.

Conversation 3

Sara: Do you know who I bumped into this morning in the market? Virginia. I was really pleased to see her.

Jorge: Really? We haven't seen her for over a year. How is she?

Sara: She's fine. We're going to meet for lunch the day after tomorrow. I'm going to pick her up from the train station.

Jorge: Well, have a lovely time. Give her my regards.

Conversation 4

Joaquín: Hi Eugenio. How are you? I haven't seen you for ages.

Eugenio: Hello my friend, how are you? The thing is, to be truthful I haven't been so good lately.

Joaquin: What's wrong?/What's happened?

Eugenio: I've been so unlucky during the last few months. Have you got time for a coffee and I'll tell you all about it?

Joaquín: Yes, of course. I've got a couple of hours until I go back to work.

Eugenio: Well, three months ago I lost my job and I'm still unemployed. A week later my car was stolen and now Elena and I have to share her car.

Joaquín: What a nuisance/inconvenience! How are you managing?

Eugenio: With great difficulty. You know that she works shifts at the hospital. Plus, she needs the car to do the shopping. So, it's very difficult for me to get around. I don't know what we're going to do.

Joaquín: Can't your brother lend you his car? He's got one that he doesn't use, hasn't he?

Eugenio: No, that small car that he used to have, he sold it some time ago because he never used it. Brrr! It's cold in here. I have just got over the flu, you know? I was in bed for a week.

Joaquín: Hey! What do you think about Luisa and I coming over to see you next Sunday? Maybe we could go out for a drive in our car to wherever you fancy. What do you say?

Eugenio: It´s sounds great to me, Joaquín. As long as we still have a home. They want to repossess it because we haven't paid the mortgage for months!

Conversation 5

Susana: Hello Rosa, how are you?

Rosa: Fine Susana, how are you?

Susana: I'm fine. It's a lovely day today, isn't it?

Rosa: It is today, but wasn't the weather bad yesterday?

Susana: Yes, it didn't stop raining until late last night. Anyway, at least we can get the washing dry today.

Rosa: Yes, that's right. How is your family, Susana?

Susana: We're all fine. Roberto has been promoted to Sales Manager. Luis has just got engaged to Maite and Noelia is expecting her first baby.

Rosa: That's wonderful! Well, mine are all well. The boys are busy studying and the business is doing well at the moment.

Susana: I'm really pleased, Rosa. Well, I can't stop any longer because we have to be somewhere at seven o'clock/We have a prior engagement at seven. Give my regards to everyone. See you!

Rosa: OK. Julio sends you his regards as well. Bye Susana.

Conversation 6

Laura: Excuse me, do you know how I get to classroom 12a? It's my first day here, and I'm afraid I'll get lost.

José María: Yes, I'll go with you if you like, my classroom is just across the corridor.

Laura: Thanks, I don't want to arrive late for my first class.

José María: You're not Spanish, are you? Where are you from?

Laura: No. I'm Welsh, although my mother is Spanish.

José María: I'm José María. Pleased to meet you. I'm studying English. I could do with some conversational practice. Would you like to meet up for a coffee later?

Laura: Yes, I'd like that. I'm Laura, by the way. Around half-past four would be good for me.

José María: OK. I'll see you in the café by the bridge at half-past four, do you know where it is?

Laura: Yes, that's where I catch my bus. See you later José María.

Conversation 7

Dolores: Hello Laura, how was your first day?

Laura: Fine Mum, thanks. Everybody is so friendly and I really like my Spanish teacher, she's from Santander, your town! I met a really nice boy this morning, he's studying English. We're meeting in the café after lunch.

Dolores: Oh yes? I'm really glad, Laura. You need to socialize a bit more, you've been studying so hard lately.

Laura: It will be nice to practice my Spanish with someone else as well, won't it?

Quiz

1.
2.
3.
4.
5.
6.

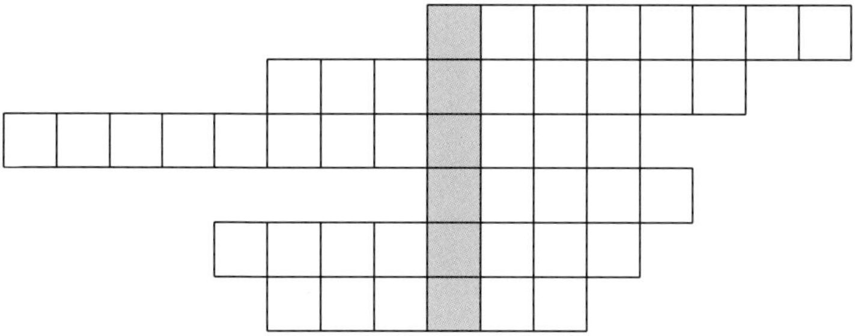

1. Nos citamos.
2. El sustantivo relacionado con "encontrar".
3. El sustantivo relacionado con "conocer".
4. ¿En qué lugar?
5. Unirse.
6. Juntarse.

Citarse.

conversación social

general

1. Marta, ¿podemos quedar en otro sitio?
2. No puedo verte ahora, tengo que estudiar.
3. Me encontré con José el otro día, hace mucho (tiempo) que no le veo.
4. Nos juntaremos/Nos reuniremos un día de la próxima semana.
5. ¿Os molesta que nos sentemos, chicas?
6. Quedamos para dentro de dos semanas.
7. Te veré/Quedamos a las diez y media en la parada de autobuses fuera del ayuntamiento.
8. Conocí a sus padres ayer, son muy simpáticos.
9. Parece que fue ayer cuando nos conocimos.
10. Nunca nos habíamos conocido antes.
11. Lidia, quiero presentarte a mi hermano / hermana.
12. Mamá, papá, quiero presentaros a mi novia / novio.
13. Señor Soriano, quiero presentarle a mi mujer / marido.
14. Quedamos para el siguiente domingo.
15. Se citaron/Quedaron a las tres y cuarto.

Conversación 1

Ignacio: Hola Marta, soy Ignacio. ¿Qué tal estás?/¿Cómo estás?

Marta: Hola Ignacio. Estoy bien. Iba a llamarte para ver si querías ir al cine esta tarde, ¿quieres?

Ignacio: ¡Qué casualidad! Es por eso que te llamo yo. ¿Quedamos/Nos vemos en la Heladería Iglú a las siete y media y luego iremos al cine?

Marta: Estupendo. Hasta luego, Ignacio.

Conversación 2

Diego y Salvador: Hola chicos ¿cómo estáis?

Julio y Arturo: Bien. ¿Adónde vais?

Diego: A casa a ducharnos y cambiarnos de ropa. Vamos al estadio más tarde para ver el partido ¿queréis ir también?

Arturo: Sí, nosotros no tenemos otros planes. ¿A qué hora quedamos?/¿Dónde quedamos?/¿Dónde nos vemos?

Salvador: Pues, a las siete delante de la estación de autobuses, ¿de acuerdo/vale?

Julio: Muy bien. Hasta luego.

Conversación 3

Sara: ¿Sabes con quién me encontré esta mañana en el mercado? Con Virginia. Me alegré mucho de verla.

Jorge: ¿De veras? Hace más de un año que no la vemos. ¿Cómo está?

Sara: Está muy bien. Vamos a vernos/Hemos quedado para pasado mañana para comer. Yo la voy a buscar/recoger a la estación de tren.

Jorge: Pues, ¡qué lo paséis bien! Dale recuerdos de mi parte.

Conversación 4

Joaquín: Hola Eugenio ¿qué tal?/¿cómo estás?/¿qué hay?/¿cómo va la vida? ¡Cuánto tiempo hace que no te veo!

Eugenio: Hola amigo ¿cómo estás tú? Es que yo/lo que pasa es que, de verdad, no he estado muy bien últimamente/recientemente.

Joaquín: ¿Qué te pasa, hombre?

Eugenio: He tenido tan mala suerte durante los últimos meses. ¿Tienes tiempo para tomar un café y yo te lo contaré todo?

Joaquín: Sí, claro. Tengo un par de horas hasta que vuelva al trabajo.

Eugenio: Pues, hace tres meses me quedé sin trabajo y todavía estoy en paro. Una semana más tarde me robaron el coche y ahora Elena y yo tenemos que compartir su coche.

Joaquín: ¡Qué molestia!/¡Qué lata!/¡Vaya molestia! ¿Cómo os las arregláis?

Eugenio: Con gran dificultad. Tú sabes que ella trabaja por turnos en el hospital. Además, necesita ella el coche para hacer las compras. Así que/Entonces para mí es muy difícil desplazarme. Yo no sé qué vamos a hacer.

Joaquín: ¿No os puede dejar/prestar su coche tu hermano? ¿Él tiene uno que no usa, verdad?

Eugenio: No, aquel coche pequeño que tenía, lo vendió hace tiempo porque no lo usaba nunca. ¡Ay, qué frío hace aquí! Es que yo acabo de recuperarme de la gripe, ¿sabes? Estuve una semana en la cama.

Joaquín: ¡Oye! Te parece bien si vamos a veros Luisa y yo el domingo que viene/el próximo domingo. A lo mejor/Igual podemos salir a dar una vuelta en nuestro coche adonde queráis. ¿Qué me dices?

Eugenio: Me parece estupendo, Joaquín. Con tal de que todavía tengamos una casa, ¡es que quieren recuperarla porque no pagamos nada de la hipoteca desde hace meses!

Conversación 5

Susana: Hola Rosa ¿cómo estás?

Rosa: Muy bien, Susana ¿y tú?

Susana: Estoy bien. ¿Hace bueno hoy, verdad?

Rosa: Hoy sí, pero ¡Qué mal tiempo hizo ayer! ¿Verdad?

Susana: Sí, no dejó/paró de llover hasta muy tarde anoche. De todas formas/De todas maneras/De todos modos por lo menos podemos secar la ropa hoy.

Rosa: Sí, es cierto. ¿Cómo está tu familia, Susana?

Susana: Estamos todos bien. Le han ascendido a Roberto a Jefe de Ventas. Luis acaba de prometerse con Maite y Noelia está esperando su primer hijo.

Rosa: ¡Qué maravilla! Pues, los míos están bien. Los chicos están ocupados estudiando y el negocio va bien por el momento.

Susana: Me alegro mucho, Rosa. Mira, no puedo entretenerme más porque tenemos un compromiso a las siete. Recuerdos a todos (de mi parte). Hasta luego.

Rosa: Vale. Te manda recuerdos Julio, también. Adiós Susana.

Conversación 6

Laura: Perdona, ¿sabes por dónde se va al aula 12a? Es que es mi primer día aquí y tengo miedo de perderme.

José María: Sí, te acompaño si quieres, mi aula está justamente al otro lado del pasillo.

Laura: Gracias. No quiero llegar tarde para mi primera clase.

José María: (Tú) no eres española, ¿verdad? ¿De dónde eres?

Laura: No. Soy galesa, aunque mi madre es española.

José María: Yo soy José María. Encantado/Mucho gusto de conocerte. Estudio inglés. Me hace falta alguna práctica de conversación. ¿Quieres que nos veamos más tarde para tomar un café?

Laura: Sí, (eso) me gustaría. Yo soy Laura. A mí, a eso de las cuatro y media me viene/vendría bien.

José María: Vale/De acuerdo. Nos vemos/Quedamos en la cafetería al lado del/junto al puente a las cuatro y media, ¿sabes dónde está?
Laura: Sí. Allí es donde cojo el autobús. Hasta luego, José María.

Conversación 7

Dolores: Hola Laura, ¿qué tal tu primer día?
Laura: Bien mamá. Todos son tan simpáticos y me gusta mucho mi profesora de español. Es de Santander, ¡tu pueblo! He conocido a un chico muy bueno esta mañana, estudia inglés. Hemos quedado para tomar café después de comer.
Dolores: ¿Ah sí? Me alegro mucho, Laura. Necesitas/Te hace falta salir más, has estado estudiando tanto últimamente/recientemente.
Laura: Será bueno practicar mi español con otra persona también, ¿verdad que sí?/¿no te parece?

to say where one has been and what one has been doing

To translate the word *been* into Spanish requires one of four different forms: The auxiliary verb **haber** is always used because we are speaking in the present perfect tense, talking about what one *has* done or what we *have* done. This is followed as usual by the past participle to convey the meaning of *been*.

The four past participles needed are **sido**, **estado**, **ido** and **habido**. The usual rules of **ser** and **estar** apply, with **sido** and **estado** respectively. When we want to say *been to* or *gone to,* we use **ido a** – from the verb **ir** (with movement).

When we wish to say *there has/have been* we use **habido** – from the verb **haber**, just like we use **hay** in the present tense to translate *there is/there are*. Remember this rule – **there = haber**.

Lastly, to translate *has/have been able*, the past participle **podido** (from **poder**) is required.

Examples using ser:-

a. Pedro has been a doctor for thirty years.
b. This meeting has been interesting.
c. It has been of great importance.
d. It has been a very long summer.
e. It has been fun!

Examples using estar:-

a. Juanito, where have you been?
b. I have been studying in the library.
c. I have been busy / ill / worried.
d. This shop has been closed all day.
e. They have been on the beach.

Examples using ir:-

a. We have been to see Ricardo.
b. She has gone to the market.
c. Have you been to the new Shopping Centre yet?
d. I have been to the library to study.
e. They have been to the beach today.

Examples using haber:-

a. There has been an accident.
b. There has always been a bakery here.
c. Have there been many applications?
d. There have been many forest fires.
e. There has been a parade here this evening.

Examples using poder:-

a. I haven't been able to do this.
b. Have you been able to get permission?

para decir dónde se ha estado y qué se ha estado haciendo

Ejemplos con ser:-

a. Pedro ha sido médico (durante) treinta años.
b. Esta reunión ha sido interesante.
c. Ha sido de gran importancia.
d. Ha sido un verano muy largo.
e. ¡Ha sido divertido!

Ejemplos con estar:-

a. Juanito ¿dónde has estado?
b. He estado estudiando en la biblioteca.
c. He estado ocupado / enfermo / preocupado.
d. Esta tienda ha estado cerrada todo el día.
e. Ellos han estado en la playa.

Ejemplos con ir:-

a. Hemos ido a ver a Ricardo.
b. Ella ha ido al mercado.
c. ¿Habéis ido ya al nuevo Centro Comercial?
d. He ido a la biblioteca a estudiar.
e. Ellos han ido a la playa hoy.

Ejemplos con haber:-

a. Ha habido un accidente.
b. Siempre ha habido una panadería aquí.
c. ¿Han habido muchas solicitudes?
d. Han habido muchos incendios forestales.
e. Ha habido un desfile aquí esta tarde.

Ejemplos con poder:-

a. No he podido hacer esto.
b. ¿Has podido conseguir/obtener permiso?

solutions to puzzles

Chapter 1

1-j, 2-b, 3-i, 4-g, 5-f, 6-d, 7-a, 8-e, 9-h, 10-c

1.					C	A	J	A						
2.	C	O	N	G	E	L	A	D	O	R				
3.	C	A	D	U	C	I	D	A	D					
4.						M	O	S	T	R	A	D	O	R
5.					P	E	S	O						
6.					U	N	I	D	A	S				
7.				B	O	T	E	L	L	A				
8.					L	A	T	A						
9.			B	R	I	C	O	L	A	J	E			
10.		T	A	R	R	I	N	A						
11.				P	R	O	B	A	D	O	R			
12.					E	N	V	O	L	V	E	R		

Chapter 2

1-g, 2-f, 3-h, 4-e, 5-i, 6-j, 7-c, 8-a, 9-d, 10-b

1.	HELADERIA
2.	REFRESCO
3.	CASERA
4.	CUBIERTOS
5.	CAMARERO
6.	MANTEL
7.	CAFETERIA
8.	RESTAURANTE
9.	CONDIMENTOS
10.	BAR

Chapter 3

1-c, 2-h, 3-f, 4-a, 5-g, 6-j, 7-e, 8-d, 9-b, 10-i

1.	TONO
2.	ESPERE
3.	LLAMADA
4.	CONVERSAR
5.	FALLO
6.	OCUPADO
7.	COMUNICANDO
8.	EXTENSION
9.	AVERIA
10.	MARCAR

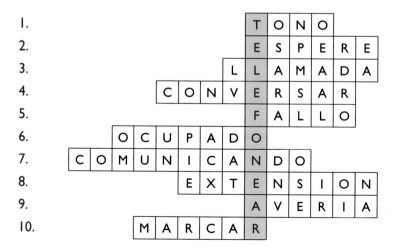

Chapter 4

1-e, 2-d, 3-a, 4-g, 5-b 6-f, 7-j, 8-i, 9-h, 10-c

1.				T	E	A	T	R	O		
2.	E	X	P	O	S	I	C	I	O	N	
3.					P	A	S	E			
4.		A	S	I	E	N	T	O			
5.					C	I	N	E			
6.			B	U	T	A	C	A			
7.				T	A	Q	U	I	L	L	A
8.	A	U	T	O	C	A	R				
9.		E	X	C	U	R	S	I	O	N	
10.				P	L	A	Z	A			
11.			A	G	O	T	A	D	A	S	

Chapter 5

1-f, 2-e, 3-b, 4-j, 5-c, 6-i, 7-d, 8-g, 9-h, 10-a

1. HABITACION
2. CALEFACCION
3. AIREACONDICIONADO
4. EQUIPAJE
5. CAMARERA
6. MATRIMONIA
7. INDIVIDUAL
8. SEGURIDAD
9. BALCON
10. TERRAZA
11. DESAYUNO

Chapter 6

1-g, 2-d, 3-f, 4-b, 5-h, 6-a, 7-e, 8-j, 9-c, 10-i

1. GLORIETA
2. ROTONDA
3. DERECHA
4. SEGUIR
5. CRUCE
6. MAPA
7. BOCACALLE
8. GIRAR
9. SEMAFORO
10. PLANO

Chapter 7

1-g, 2-b, 3-d, 4-a, 5-h, 6-f, 7-j, 8-e, 9-i, 10-c

1.		C	O	N	D	U	C	T	O	R				
2.						P	A	R	A	D	A			
3.								A	Z	A	F	A	T	A
4.	E	S	T	A	C	I	O	N						
5.						P	E	S	O					
6.								B	I	L	L	E	T	E
7.					K	I	L	O	M	E	T	R	O	
8.				R	E	S	E	R	V	A	R			
9.							A	D	U	A	N	A		
10.	F	R	O	N	T	E	R	A						
11.						A	N	D	E	N				
12.		C	R	U	C	E	R	O						
13.				E	M	B	A	R	C	A	R			

Chapter 8

1-c, 2-d, 3-j, 4-f, 5-h, 6-a, 7-i, 8-b, 9-g, 10-e

1. M**E**DICO
2. CO**N**SULTA
3. **F**ARMACIA
4. R**E**CETA
5. DOLO**R**
6. **M**EDICINA
7. ESP**E**CIALISTA
8. RA**D**IOGRAFIA
9. P**A**STILLA
10. **D**OSIS

Chapter 9

1-e, 2-a, 3-h, 4-g, 5-i, 6-c, 7-j, 8-f, 9-b, 10-d

1. CENTRIFU**G**AR
2. **A**CLARAR
3. REVISA**R**
4. AGARROT**A**RSE
5. TEC**N**ICO
6. REPUES**T**OS
7. DESPLAZAM**I**ENTO
8. ESTROPE**A**DO

Chapter 10

1-f, 2-b, 3-g, 4-i, 5-c, 6-a, 7-d, 8-h, 9-j, 10-e

1.						G	**R**	I	F	E	R	I	A
2.	D	E	S	A	G	Ü	**E**						
3.							**F**	U	G	A			
4.							**O**	B	R	A	S		
5.		C	O	N	S	T	**R**	U	C	C	I	O	N
6.					C	I	**M**	I	E	N	T	O	S
7.		I	N	U	N	D	**A**	C	I	O	N		
8.	E	N	Y	E	S	A	**R**						

Chapter 11

1-c, 2-f, 3-j, 4-b, 5-i, 6-g, 7-a, 8-e, 9-d, 10-h

1.					M	A	**D**	E	R	A									
2.						D	**E**	S	T	O	R	N	I	L	L	A	D	O	R
3.				B	R	O	**C**	H	A										
4.	T	A	L	A	D	R	**O**												
5.				H	E	R	**R**	A	M	I	E	N	T	O					
6.						M	**A**	R	T	I	L	L	O						
7.							**C**	L	A	V	O								
8.						B	**I**	S	A	G	R	A							
9.						T	**O**	R	N	I	L	L	O						
10.					P	I	**N**	T	U	R	A								

Chapter 12

1-e, 2-c, 3-a, 4-i, 5-f, 6-h, 7-j, 8-b, 9-g, 10-d

1.								R	E	C	L	A	M	A	R		
2.				D	E	N	U	N	C	I	A	R					
3.											D	E	T	E	N	E	R
4.								A	L	A	R	M	A				
5.										R	O	B	A	R			
6.	D	E	C	L	A	R	A	C	I	O	N						

Chapter 13

1-e, 2-i, 3-c, 4-g, 5-a, 6-h, 7-b, 8-f, 9-d, 10-j

1.								C	H	O	Q	U	E				
2.					B	O	M	B	E	R	O	S					
3.								G	R	A	V	E					
4.	A	M	B	U	L	A	N	C	I	A							
5.									D	E	S	T	R	O	Z	A	R
6.								P	O	L	I	C	I	A			

Chapter 14

1-d, 2-b, 3-f, 4-i, 5-e, 6-c, 7-j, 8-g, 9-h, 10-a

1.							I	M	P	U	E	S	T	O	S
2.		M	U	N	I	C	I	P	A	L	E	S			
3.				A	L	C	A	L	D	E					
4.	F	U	N	C	I	O	N	A	R	I	O				
5.		B	A	S	U	R	E	R	O						
6.					U	R	B	A	N	I	S	M	O		

Chapter 15

1-f, 2-c, 3-h, 4-a, 5-e, 6-b, 7-g, 8-j, 9-d, 10-i

1.						C	A	R	T	E	R	O					
2.					S	E	L	L	O								
3.			S	O	B	R	E										
4.	P	A	Q	U	E	T	E										
5.					G	I	R	O									
6.						F	R	A	N	Q	U	E	A	D	O	R	A
7.			R	E	M	I	T	E	N	T	E						
8.					E	C	H	A	R								
9.		E	N	V	I	A	R										
10.						D	E	S	T	I	N	A	T	A	R	I	O
11.			B	U	Z	O	N										

Chapter 16

1-f, 2-a, 3-d, 4-j, 5-g, 6-e, 7-i, 8-b, 9-c, 10-h

1.							D	E	B	I	T	A	R		
2.	I	N	G	R	E	S	O								
3.							M	O	N	E	D	A			
4.						H	I	P	O	T	E	C	A		
5.							C	O	R	R	I	E	N	T	E
6.							I	N	G	R	E	S	A	R	
7.					S	A	L	D	O						
8.					R	E	I	N	T	E	G	R	O		
9.	T	A	R	J	E	T	A								
10.							C	U	E	N	T	A			
11.						L	I	B	R	E	T	A			
12.					A	H	O	R	R	O	S				
13.			T	A	L	O	N	A	R	I	O				

Chapter 17

1-i, 2-f, 3-a, 4-d, 5-g, 6-e, 7-c, 8-j, 9-h, 10-b

1. P E L O
2. C A B E L L O
3. R I Z A D O
4. M A R C A R
5. L A V A R
6. T I N T E
7. S E C A D O R
8. A C O N D I C I O N A D O R
9. C O R T A R
10. M E C H A S

Chapter 18

1-e, 2-i, 3-d, 4-b, 5-g, 6-h, 7-c, 8-j, 9-a, 10-f

1. M A R C A
2. N U E V O
3. T A P I C E R I A
4. C A R R O C E R I A
5. M O T O R
6. E X P O S I C I O N
7. V E L O C I D A D
8. O C A S I O N
9. M O D E L O

Chapter 19

1-f, 2-c, 3-h, 4-a, 5-j, 6-d, 7-g, 8-b, 9-i, 10-e

1.						G	A	S	T	O	S		
2.							L	U	Z				
3.						E	Q	U	I	P	A	D	A
4.				I	N	Q	U	I	L	I	N	O	
5.			P	R	O	P	I	E	T	A	R	I	O
6.	I	N	M	O	B	I	L	I	A	R	I	A	
7.					D	U	E	Ñ	O				
8.			C	O	N	T	R	A	T	O			

Chapter 20

1-e, 2-h, 3-c, 4-g, 5-j, 6-a, 7-i, 8-b, 9-d, 10-f

1.								M	E	S	T	I	Z	O
2.							R	A	Z	O				
3.		B	O	C	A	D	O	S						
4.						C	A	C	H	O	R	R	O	
5.			P	I	E	N	S	O	S					
6.			A	D	I	E	S	T	R	A	D	O	R	
7.	V	E	T	E	R	I	N	A	R	I	O			

Chapter 21

1-c, 2-f, 3-i, 4-b, 5-g, 6-e, 7-a, 8-d, 9-j, 10-h

1.							G	U	S	T	O
2.						M	U	C	H	O	
3.			D	E	T	E	S	T	A	R	
4.		E	N	C	A	N	T	A	R		
5.				O	D	I	A	R			
6.	P	R	E	F	I	E	R	O			

Chapter 22

1-d, 2-i, 3-a, 4-g, 5-c, 6-b, 7-j, 8-f, 9-e, 10-h

1.									Q	U	E	D	A	M	O	S
2.						E	N	C	U	E	N	T	R	O		
3.	C	O	N	O	C	I	M	I	E	N	T	O				
4.									D	O	N	D	E			
5.					J	U	N	T	A	R	S	E				
6.						U	N	I	R	S	E					